Bodo Morshäuser
Hauptsache Deutsch

Suhrkamp

6700047658 TELEPEN

edition suhrkamp 1626
Neue Folge Band 626
Erste Auflage 1992
© Suhrkamp Verlag Frankfurt am Main 1992
Erstausgabe
Alle Rechte vorbehalten, insbesondere das der Übersetzung,
des öffentlichen Vortrags
sowie der Übertragung durch Rundfunk und Fernsehen,
auch einzelner Teile.
Satz: Gutfreund, Darmstadt
Druck: Nomos Verlagsgesellschaft, Baden-Baden
Umschlagentwurf: Willy Fleckhaus
Printed in Germany

2 3 4 5 6 – 97 96 95 94 93 92

Hauptsache Deutsch

Alles was jetzt rechts passiert,
wurde links versäumt.

Emann, Oktober 1991

1.

Ich bin einsneunundachtzig groß und habe blonde Haare, die ich lieber kurz trage. Manchmal will ich einschätzen, wer mich wie wahrnimmt. Ein Selbsterhaltungsreflex. Ich vergewissere mich, daß ich aussehe, wie ein Deutscher aussieht, und nicht zu befürchten habe, was andere zu befürchten haben. Zum Beispiel Jana. In der vollen U-Bahn wird sie schon mal »Judenschlampe« genannt, und niemand außer ihr hat es gehört. Sie hat schwarzes volles Haar. – Wer wollte anderswo – so wie hier *Kanaken*, *Preßkohlen* oder *Schlitze* – durch die Straßen gehetzt werden? Mich beruhigt die Tatsache, äußerlich als Deutscher durchzugehen. Manchmal schäme ich mich für die bedrückende Wahrheit, daß mich das ruhiger gehen läßt. – Solche Selbstbeschreibung fällt einem zuallerletzt ein. Nichtdeutschen, die hier leben, ist sie dagegen einer der geläufigsten Selbsterhaltungsreflexe. Erstens wird ihnen hin und wieder klargemacht, daß sie nicht Bürger dieses Staates, sondern Mitbürger der anderen sind; zweitens sind sie gezwungen worden zu lernen, wo sie sich wann besser nicht sehen lassen. – Nicht nur für sie fühlt es sich gewaltig neu an, hier zu sein. Deutsche sind schon in der Fremde, wenn sie die schier unüberwindliche Ostwestgrenze passieren. Aber selbsterlittene Diskriminierung führt zu keinem Gefühl dafür, was Fremde erleiden. Im Gegenteil scheinen die Persönlichkeitsreste gerettet werden zu müssen, indem selbsterlittene Diskriminierung weitergegeben wird. An wen. An Nichtdeutsche oder solche, die man dafür hält, wie zum Beispiel Jana.

Ich bin mit fünfzehn nicht »rechts« geworden, weil ich 1968 fünfzehn gewesen bin. Hätten Jugendliche gerufen, sie seien stolz, Deutsche zu sein, hätten Eltern gesagt, sie seien es auch, trotz allem. 1968 nahm mein Vater mich zum nahegelegenen Tegeler Weg mit, wo wir zur *Hamburger Barriere* vorgingen und bei einer Reihe Polizisten stehenblieben. Sie sperrten das Gebiet ab, in dem die bis dahin gröbste Straßenschlacht stattfand (Anlaß war ein Prozeß gegen Horst Mahler). Zum ersten Mal erlebte ich ein Szenario aus Demo und Randale. Mein Vater, andere Männer und die Polizisten, mit denen er einer Meinung war, nannten die Jugendlichen *Kommunisten, Gammler* und *Randalierer*. Für mich ein Grund, innerlich durchzubuchstabieren, wie es wäre, der entgegengesetzten Meinung zu sein: daß die, die das sagten, *alte Nazis, Wohlstandsbürger* und, wie es damals hieß, *Stimmvieh* wären. Die Sympathie des Jugendlichen gehörte denen, die es schafften, die Polizei in solch eine Lage zu bringen.

Gegen meine Eltern und ihresgleichen konnte ich mich auflehnen, wenn ich mich für »links« ausgab. Wichtiger, als »links« zu sein, war, die Gegenseite zu den Eltern gefunden zu haben. Die Raster dafür sind nicht der Politik, sondern dem politischen Kitsch entnommen. – Erziehern noch unterlegen, ist der junge Protestierer gezwungen, Themen und Thesen zu suchen, die den Verständnishorizont der Erzieher übersteigen. Das pure Erfolgserlebnis ist, wenn wissende Erzieher nicht mehr weiterwissen. Meine Lehrer wären nicht mit rechten Thesen zu schocken gewesen, ihre Kinder nicht mit linken. Der junge Protestierer hat so gesehen kaum die Wahl, zu welcher Seite er sich hinbehauptet. Es muß auf jeden Fall die andere Seite sein. Nur dort, im Unterschied, lockt Identität.

Das Nichts-gewußt-Haben der *ersten Generation* ist von jeder folgenden variiert worden. In der *zweiten Generation* wie in der *dritten Generation* ist der deutsche Faschismus Argument geworden, bevor die eigene biographische Verstrickung, die wirkliche Geschichtskenntnis bewußt geworden ist. Auf den deutschen Faschismus wird meistens im moralisch-profitablen Affekt geantwortet. Die Affekte entlasten, sprechen frei und delegieren Schuld. – Die *erste Generation* behauptete, von nichts gewußt zu haben; die *zweite Generation* bezweifelte, daß die *erste* nichts gewußt habe; die *dritte Generation* gibt sich den Anschein, mit der deutschen Vergangenheit nichts mehr zu tun zu haben. – Es wird unentwegt politisch argumentativ aggressiv oder beschönigend auf den deutschen Faschismus Bezug genommen, aber selten als *persönliches* Ereignis. Zu keinem anderen politischen Thema, das Millionen heute Lebender bestimmt hat und weiterhin bestimmt, wird so ideologisch oder moralisch besserwisserisch, so unpersönlich und unkonkret gesprochen. Jede Generation sagt ihre Entlastungsparolen auf und gewinnt die vorige damit zum politischen Gegner im gemeinsamen Zeigefingerzeigen, dazu »Wahrheit!« rufend. Als verschwänden eigene Wunden durch das Erscheinen anderer. – Die meisten meiner Freunde und Bekannten der *zweiten Generation* haben ihr Problem mit der *ersten Generation* räumlich gelöst: Sie verließen die Stadt der Eltern und kamen nach West-Berlin. Hier lebten sie in der Infrastruktur »Linker« oder »Alternativer«. Nach ihren Eltern befragt, schweigen sie oder tun so, als könnten sie sich kaum noch erinnern. Nur wenn ein Elternteil stirbt, fällt ihnen die Frage ein, die nicht mehr gestellt werden kann. Wenn du nicht zu dem Problem gehst, kommt das Problem zu dir. – Menschen meines Alters waren in den Sechzigern jünger als die protestierende *zweite Generation* und in den Achtzigern älter als die protestierende *dritte*

Generation. Sie gehen auf die vierzig zu, und fast jeder hat Kindheitserinnerungen, die als Echos der barbarischen Vergangenheit in die Wirtschaftswunderfamilie einschlugen: Die zehn Jahre nach dem Krieg geborene, die ihren Vater als Würger sah und sieht; der ebenso alte, dem prophezeit wurde, totgeschlagen zu werden; oder jener, der als Kind in die Küche gerufen wurde, nachdem die Fenster geschlossen und die Gashähne geöffnet worden waren. – Alles Warten darauf, daß ein Gespräch ums Deutsche weder bei *Auschwitz* noch bei Jungmenschens *Stolz* einrastet, scheint in diesen Erinnerungsmomenten – auch wenn von Blitzkriegen gegen Kinderseelen gesprochen wird – belohnt zu sein. Nur wenige verstehen hier unter politischer Kultur, deutsche Vergangenheit als persönliche, sich selber als jemanden aus deutscher Vergangenheit anzunehmen. Daher sind diese Momente, in denen das Persönliche Politik erzählt, begriffssprengend. Wie neu sprechen zu lernen, wenn die Selbstversicherungen und Vorurteile wegfallen. Wie neu zuhören zu lernen, wenn kein Richtwert keines Ismus bedient wird. – Der Junge Deutsche Mensch, der Ende der sechziger Jahre das angrenzende Ausland besuchte, lernte sich zu schämen, Deutscher zu sein, wenn auch nur für Sekunden, wenn auch unfreiwillig. – Ich wollte nicht wie das Kind eines Faschisten angeschaut werden. Trotzdem bin ich nicht auf die Idee gekommen, mir die Erwähnung der Vergangenheit zu verbitten – meine Scham, Deutscher zu sein, war die Reaktion auf den Stolz voriger, Deutsche gewesen zu sein.

Das alte Thema ist Gegenwart. Noch reicht kein Schritt weit genug, um aus Hitlers Schatten zu führen. Das Problem aller Diskussionen über Rechtsextremismus ist, daß Befangene sprechen. Kein Deutscher hat die Gnade, sich außerhalb dieser Befangenheit zu befinden. Ob du an deutsche Vergangenheit erinnern willst oder nicht an sie erinnert werden willst: du lebst, solange du lebst, mit dieser Erinnerung.

Eklig die »Rechten«, aber auch eklig, wie »Linke« ihren Ekel mitteilten. Deren Nein, obwohl anfangs auch mein Impuls, ist dem, das ich ablehne, zu nah und gehört mit abgelehnt. Die plumpen Neins und Niewieders, jenes Denkgefängnis, das Handeln nur im Kontext von Gegnerschaft zuläßt – sie bestätigen lediglich seitenverkehrt, was sie frontal abzulehnen vorgeben. Die pure Gegenüberstellung verhindert jeden Versuch, das Abzulehnende einzubinden anstatt zu monsterisieren. In symmetrischer Eskalation werden alte Trümpfe wie immer neue ausgespielt. Aber die Meinung A nicht zu haben, heißt nicht, die Meinung Nicht-A haben zu müssen.

Kaum eine Diskussion über Rechtsextreme ohne das entweder stille oder ausgesprochene Einverständnis, daß die, die darüber sprechen, mehr politische Bildung haben als jene, über die gesprochen wird. Auf eine armselige Weise leuchtet mir das auch ein: wenn ich sehe, daß sie, wie sie dort sitzen, die nackte Angst haben. Mir scheint: je größer der Stolz auf Bildungsvorteile, desto größer die Angst vor denen, über die man sich erhebt. Je größer die Angst vor den Sprachlosen, desto eiliger halsschlagaderpochender kieferknirschender die Flucht in den Bildungsunterschied.

Habe von einem meiner früheren Lehrer geträumt. Zuerst schien das Personal aus Kellinghusen zu stammen. Dann sah ich meine Schulklasse. – Dieser Sport- und Deutschlehrer spielte kein Verstecken damit, Nationalsozialist gewesen zu sein und eine erfüllte Zeit hinter sich zu haben. War er – selten genug – gut gelaunt (die Kehrseite seiner üblichen Strenge), erzählte er von 1936, als er in der deutschen 4 x 400-Meter-Staffel aufgeboten war. In diesen Momenten bekam er feuchte Augen. Uns Schüler hatte er im Verdacht, zu weich zu sein. Während des Unterrichts schleuderte er öfter sein Schlüsselbund in die laute letzte Reihe. – Seine Söhne hatten keine Gelegenheit, weich zu werden. Sie wurden zu Hause mißhandelt und sind mir als Gepeinigte in

Erinnerung. Sie hatten aufgequollene Oberlider, Augenränder bis zu den vorstehenden Wangenknochen und bissen die Zähne aufeinander. Sie stahlen, brachen auf und wurden verwiesen. Ihr Vater, der Starke, hat sie zu Kindkrüppeln gemacht und drei Denkmale seiner Schwäche hinterlassen. – Das Schlußbild des Traums: Der Lehrer stützt sich mit einem Arm auf einem Sportplatzgeländer ab, schwingt seitlich darüber hinweg und landet federleicht. Das war 1968, als wöchentlich Studentendemonstrationen stattfanden und *Hamburger Barrieren* stadtbildprägend wurden. Ich übte, für den Fall des Falles, sie in der Art des Lehrers leicht und sicher zu überspringen; tue das heute noch gern, wenn ein Geländer im Weg ist.

Warum macht der Zwölfjährige das in Berlin-Marzahn? Die Frage ist gestellt, die Kamera läuft, der Junge wirft die Windschutzscheibe des Autos ein, er grinst, er sagt: »Weil ich Zerstörungslust habe.« Er redet über sich wie andere über ihn. So spricht nicht einer, der Zerstörungslust hat, sondern einer, der über sich sagen will oder in die Lage gebracht wird zu sagen, er habe Zerstörungslust. Der Junge lächelt, als habe er die richtige Antwort gegeben, wie bei einer Prüfung, und wirft den nächsten Stein gegen die nächste Karosse, solange die Kamera läuft.

2.

Es begann mit einem Aufenthaltsstipendium. Die Landschaft, das Haus mußten entdeckt, die Mitbewohner kennengelernt werden. Einer hielt mit Frau und Kind die Küche besetzt. Ein anderer warf dort mit Messern. Und eine hatte Grund, vor jenem Angst zu haben. Fürs Schreiben war ich durch die Umstände viel zu unruhig geworden. Der Plan, anderswo ein Buch zu schreiben, schien mir nun ein ausgemachter Quatsch zu sein. Schreib dein Buch dort, wo es herkommt, in Berlin, dachte ich, und hier auf dem Land schaust du die Menschen an, die wirst du in Berlin nicht wiedersehen. – Nach zehn Tagen berichtet die Lokalzeitung von einer Gerichtsverhandlung gegen vier Skinheads. Merke ich solchen Nachrichten in der Boulevardpresse an, daß sie wegen eines bizarren Details in die Zeitung kommen, so interessiert sich die Provinzpresse für biographische Hintergründe der Täter-Opfer-Gemeinschaften und druckt ausführliche Prozeßberichte. Das gelungene Leben ist hier in der Vereinsberichterstattung, das mißlungene im Prozeßbericht festgehalten.

Grüppchen und Einzelne warten im Flur vor dem Verhandlungssaal auf Plastikstühlen, vor Ölsardinendosen als Aschenbechern. Anwälte und Sachverständige stehen, rauchen und reden. Die anderen sagen nichts, auch wenn sie sich kennen. Jetzt schon, in Betrachtung der stehenden Herren, schauen und hören sie zu. Neben mir ein schlicht gut angezogener junger Mann, der den Schorf einer Wunde am Handgelenk abpult. Seinen wachen Blick halte ich für berufsbedingt. Ich warte wie alle und denke das Wer-ist-Wer. – Im Zuschauerabteil das obligatorische Rentnerehepaar, eine dänisch aussehende Gerichtsreferendarin, die mit tiefem Bayrisch überrascht, zwei Journalisten, zwei drei Kriminalpolizisten, Mutter und Sohn, deren Gesichtern ich ansehe, daß es die Idee der Mutter war hierherzugehen. Auch die Fraktionen sind vertreten: Redskins in Ledermontur, mit Aufklebern »Gegen Nazis«, sowie nicht uniformierte kräftige, wach blickende Männer, die nicht auffallen wollen.

Die Angeklagten betreten den Verhandlungssaal. Als erster Wulf, mit einundzwanzig Jahren der älteste der vier und der kräftigste. Danach Werner, der der Verhandlung unter die Tischplatte schauend zuhört. Nach ihm Olaf; auch er blickt mehr vor sich hin, als daß er sich umschaut oder die Sprechenden ansieht. Björn, der jüngste, geht vom Zuschauerabteil aus zu seinem Stuhl neben den anderen. Da er zur Tatzeit siebzehn Jahre alt war, ist der Haftbefehl ausgesetzt worden. Es ist der am Schorf kratzende gut angezogene junge Mann, der im Flur neben mir saß. – Die Jungs sind als Skinheads entkleidet und als Einzelne sichtbar, während Skinheads, wenn sie auftauchen, durch die Bekleidung als Einzelne nahezu unsichtbar sind. »Entkleidet« sind die Jungs, da sie die ehemals verbindende Kluft abgelegt und die Haare haben wachsen lassen (nur Werner trägt Turnschuhe mit der Aufschrift »Skins voran«). – Solange ich die vier jungen Männer sehe und über sie nur weiß, daß sie, als sie Skinheads waren, eine Frau getötet haben, sehe ich nicht die vier jungen Männer, sondern etwas in ihnen, das bereits in mir und auf sie nun übertragbar ist. Für den Versuch der Einordnung, ohne Genaues zu wissen, bieten sich, wie Wolfgang Pohrt bemerkt hat, zwei Schemata an, das Monster und der Sozialfall: »Während das Monster das unverbesserliche Böse war, ist der Sozialfall die durch äußere Widrigkeiten verhinderte Tugend.« – Alles aufmerksame Hören und Schauen: um sich vorzustellen, wie etwas gewesen sei, das ich nicht erlebt habe und wahrscheinlich nicht erleben werde. Genres der Bewußtseinsindustrie bieten zur Einfühlung außergewöhnlich Gutes oder Böses an, das man weder getan hat noch tun wird. In Wirklichkeit, wie hier im Verhandlungs-

saal, können solche Überschreitungen nur rekonstruiert werden. Das Gericht rekonstruiert, die
Zeugen tun es und die Zuschauer. Wer nicht dabei
war und zuhört, wird zum Detektiv.

Seit Anfang der achtziger Jahre gibt es in Kellinghusen rechtsextreme Skinheads. Sie kommen bei diesen Ereignissen nicht vor. – Diese Ereignisse haben
1987 und 1988 stattgefunden. Wulf, Werner, Olaf
und Björn, sechzehn bis neunzehn Jahre alt, tragen
die Jeans zwar auch oberschenkel- und wadeneng,
die Stiefel hochgeschnürt, grüne Fliegerjacken und
zeigen über der Stirn die Kopfhaut. Als Beweis
ihrer Kampfbereitschaft prahlen sie in lokalen
Kreisen mit Überfällen auf Wehrlose. Die rechtsextremen Skinheads von Kellinghusen haben jedoch
längst Wehrsporttreffen hinter sich, haben Kontakte zur FAP und zu locker organisierten Skinheads in Hamburg, Lübeck und Rendsburg aufgebaut
oder sie ziehen sich bereits aus der Szene zurück
und werden Versicherungsvertreter. Das Angebot
an Möchtegernskins in Kellinghusen ist so groß,
daß die Führerpersönlichkeiten sich mit anderen als
Wulf, Werner, Olaf und Björn abgeben. Für solche
wie sie, die aus Frust prügeln, doch nicht politisch
gezielt, gibt es den Begriff *Asis*. So werden die vier
von ihren Vorbildern eingeschätzt. Doch die vier
wollen mit aller Macht Skinheads werden. Dazu

rüsten sie sich mit Baseball- und Totschlägern aus.
Wenn Wulf und Olaf, die Metzger-Azubis, um
achtzehn Uhr Feierabend haben, treffen die vier
sich beim arbeitslosen Werner. Der Schüler Björn
kommt mit dem Fahrrad aus Hohenlockstedt ange-
fahren. Sie trinken nun »in erheblichem Umfang«,
wie es später heißen wird, Bier und erfreuen sich an
Ruppigkeiten und Überfällen. Auf den Bänken
eines Kellinghusener Wäldchens genießen sie die
Angst, die sie Vorübergehenden einjagen, auch
ohne etwas zu tun, oder sie machen absichtlich
angst und greifen Passanten an. Sie fahren nach
Hohenlockstedt, suchen Türken und schlagen mit
den Baseballschlägern auf sie ein. Teils werden die
Jungs nicht erkannt, teils vermeiden die, die sie erkannt haben, sich daran zu erinnern. Das ist das
Spielfeld der vier.

Vor der I. Jugendkammer des Landgerichts Itzehoe
werden fünf Taten, verübt innerhalb von fünf Monaten, verhandelt: Überfälle mit Körperverletzungen, Überfall mit Diebstahl, Brandstiftung und ge-
meinschaftliche Körperverletzung mit Todesfolge.
Zügig werden die ersten vier Delikte abgehakt, und
das Gericht beschäftigt sich einige Verhandlungs-
tage lang mit der spektakulären fünften Tat. – Björn,
der jüngste, sucht den Blick von Wulf, dem ältesten,
wenn en detail von ihren Taten die Rede ist. Björns

Gesicht hat dann etwas Feixendes, so als begreife er gerade, daß die Leute deswegen im Saal sind. Während er seine Mimik nicht verbergen kann, sondern zeigen muß, bleibt die Miene von Wulf bewegungslos, wenn beider Blicke sich treffen. Die anderen zwei, Werner und Olaf, wollen, so scheints, im Boden versinken.

Am 30. März 1988 machen Wulf, Werner, Olaf und Björn sich am frühen Abend wieder auf den Weg zur Wohnung der Marga T. in Kellinghusen. Die Dreiundvierzigjährige ist die Freundin des achtundvierzigjährigen Günter W., des Vaters von Skin Werner. Bevor die Jungs eintreffen, sitzt sie mit Günter W. und dessen Saufkumpan Erwin C. zusammen, und das Gespräch kommt auf Werner und seine Freunde. Marga T. sagt, sie sei nicht damit einverstanden, daß die Jungs auf dem Friedhof Grabsteine umgeworfen hätten. Günter W. verteidigt seinen Sohn und dessen Freunde und wirft Marga T. vor, sie mische sich in etwas ein, das sie nichts angehe. Sie streiten. Was zur Sprache kommt oder getan wird, ist für Günter W., dem der Ruf vorausgeht, seinen Willen mit Gewalt durchzusetzen, und der das mehrmals bewiesen hat, ein Grund, den dabeisitzenden Erwin C. mit einem Krückenhieb vorübergehend bewußtlos zu schlagen (»damit der nichts mitbekommt«). – Kurze Zeit später treffen die vier Jungs in der Wohnung ein, trinken Bier und erfahren, daß über sie gesprochen worden ist. Sie kennen Marga T. als betrunkene und anstrengende Person, und wenn die Frau, wie sie sagen, »nervt«, sind sie sich in ihrer Verachtung selbst mit Günter W. einig; auch am 30. März. Denn Marga T. droht im Laufe des Wortwechsels damit, die Polizei zu verständigen. Von da an sind fünf gegen eine. Im Beisein der Jungs schlägt und ohrfeigt Günter W. seine »Lebensgefährtin«. Er stellt ihr ein Messer auf den Kopf, Spitze nach unten, mit dem er, wie er sagt, »ein bißchen bohrt«. – An Zeiträume kann sich niemand recht erinnern, doch scheint diese Situation ein oder zwei Stunden gedauert zu haben. Im Lauf dieser Zeit zieht Werner, unbemerkt von allen, die Hausschlüssel und einen Fünfzigmarkschein aus der Handtasche der Frau. Marga T. versucht der verbalen und körperlichen Demütigung zu entkommen, indem sie vorgibt, Bier holen zu wollen. Es ist nicht davon die Rede, daß ihr dies verwehrt wurde. Doch vor der verriegelten Wohnungstür bemerkt die Frau, daß ihr die Schlüssel und fünfzig Mark fehlen. Sie fordert die fünf Männer auf, ihr diese Dinge wiederzugeben. Da außer Werner niemand von dem Diebstahl weiß, fühlen die anderen sich zu Unrecht beschuldigt, und Werner gibt nicht zu erkennen, daß er die Dinge an sich genommen hat. – Nach einer Weile sagt Wulf, der

älteste, zu Björn, dem jüngsten, er solle die Frau
»umhauen«. Björn tritt sie mit dem hochgezogenen
und horizontal ausgefahrenen Fuß, die Frau, eine
leichte und zierliche Person, fällt um. Ihr Lebensge-
fährte hat nichts zu melden oder meldet sich nicht.
Sein Sohn, der die Situation durch den Handta-
schendiebstahl ausgelöst hat, beteiligt sich nicht an
den Tritten und Schlägen, die die hilflose Person im
Wohnzimmer über sich ergehen lassen muß. Vater
und Sohn sitzen auf dem Sofa und schauen zu, wie
die drei die Frau zum Schweigen bringen. Wulf,
Olaf und Björn machen eine Pause, trinken Bier
und besprechen, wie es weitergeht. Dann schleppen
sie die Frau ins Schlafzimmer und riegeln die Tür ab.
Der vorübergehend bewußtlos geschlagene Erwin
C. ist wieder zu sich gekommen. Günter W. sagt
den Jungs, sie sollen aufhören. Die Jungs sagen, sie
tun der Frau nichts. Im Wohnzimmer trinkt Werner
mit seinem Vater und Erwin C. Bier, im Schlafzimmer treten schlagen prügeln Wulf, Olaf und Björn
die Frau zu Tode. Die drei im Wohnzimmer hören
die Schreie der Frau und das unmäßige Quietschen
des Bettes, immer dann, wenn Björn mit dem Knie
voran auf den Rücken der Frau springt. Wulf zieht
sich einen Totschläger über die Finger. Olaf bringt
ihn dazu, das Ding wieder einzustecken. Ihre Waf-
fen sind ihre Stiefel. Nacheinander geht immer einer
an die Frau ran und läßt sich etwas einfallen, das den

anderen gefällt. Nach einer Weile verlassen sie das Schlafzimmer und trinken mit den anderen zusammen wieder Bier. Die Frau im Schlafzimmer lebt noch und hätte wahrscheinlich überlebt, wenn sie sie liegengelassen und einen Arzt gerufen hätten. – Die Jungs gehen Bier holen. Olaf und Björn sagen, die Frau hätte vielleicht »zuviel gekriegt«. Wulf sagt daraufhin: »Die kriegt noch mehr.« – Später gehen die Jungs noch einmal in das Schlafzimmer, riegeln wieder die Tür ab und setzen die Zurichtung der Marga T. fort. Die Frau bekommt nun jene Schläge gegen den Kopf, die später als Todesursache bezeichnet werden. Die drei wissen, wer ihr diese Schläge zugefügt hat. Als sie wieder ins Wohnzimmer kommen, wecken sie die anderen und trinken mit ihnen ein paar Biere. Bevor jeder nach Hause geht, demolieren sie die Einrichtung des Zimmers, wobei Olaf sich hervortut. Günter W. und Erwin C. schlafen dort, nachdem die Jungs gegangen sind, wieder ein. Werner hatte sich vorher aus der Wohnung abgesetzt und ist zu seiner Freundin gegangen.

Obduktionsbefund bei Marga T. sind Unterblutungen, besonders im Brustkorbbereich, dreizehn gebrochene Rippen, Nasenbeinbruch, Prellungen, Schwellungen, Blutergüsse, Rißwunden und Abschürfungen am ganzen Körper. Todesursache ist eine handflächengroße Blutung zwischen der harten Hirnhaut und dem Gehirn, die zu Bewußtlosigkeit und Herzstillstand führt. Erst fünf Stunden nach den letzten Schlägen stirbt Marga T.

Am nächsten Morgen entdeckt die Freundin von Werner die Leiche der Marga T. und gibt ihrem Freund sofort Bescheid. In der Wohnung weckt Werner seinen immer noch schlafenden Vater mit den Worten: »Die Marga ist ganz kalt.« Im Laufe des Tages treffen die Jungs in der Wohnung ein, trinken Bier und besprechen die Lage. Die Metzger-Azubis Wulf und Olaf verschwinden und kommen mit ihren Schlachterschürzen und -messern wieder. Der Plan ist, die Leiche zu zerstückeln und in kleinen Teilen aus der Welt zu schaffen. Die aus dem Rausch erwachten erwachsenen Männer haben nichts zu melden. Das Heft haben andere in die Hände gedrückt bekommen. »Wenn ihr was sagt, legen wir euch um«, ist die von den Jungs ausgesprochene und von den Erwachsenen für gültig befundene Formulierung. – Nach einer weiteren Beratung wird der Plan, die Leiche zu zerstückeln, aufgegeben. Sie stülpen sie in einen Müllsack aus Plastik und warten auf die nächste Nacht. Dann laden sie den Müllsack auf einen Handkarren und schieben die Leiche eineinhalb Kilometer zum äußersten Westen des Städtchens, bis zum Wiesengrund, wo halbwegs vornehmes Klein-Westend, Moorwiesen, eine Güterbahnlinie und die B 206 zusammentreffen. In den Wiesen schaufeln die Jungs eine Grube. Die Leiche paßt nicht ganz in die Kuhle. Wulf und Björn treten sie hinein. – Eine Woche lang liegt die Leiche im Wiesengrund. Björn geht zur Schule, und Wulf und Olaf stehen tagsüber beim Metzger im Geschäft. Günter W. ist in Kellinghusen nicht mehr zu sehen. Der erste, der diese Ruhe nicht aushält, ist Björn. Er bringt die Polizei auf die Spur des Geschehens.

Neun Tage nach der Tat soll Wulf für seinen Lehrherrn das Fenster eines Schuppens anstreichen. Das Haus liegt oberhalb des Wiesengrunds. Von dem Fenster aus kann Wulf auf die zugeschüttete Kuhle hinunterschauen, in der die Leiche steckt. Während seiner Arbeit rollt ein Polizeiwagen den unteren Weg entlang und stoppt vor dem Haus. Die Polizisten sehen Wulf im Fenster hocken. »Komm runter, wir wollen mit dir reden.« – »Kommt doch hoch, wenn ihr was wollt.« – »So reden wir jetzt nicht mehr miteinander. Das Spiel ist vorbei. Jetzt ist es ernst. Der Film ist zu Ende. Komm runter, sonst holen wir dich.« Wulf versteht, was gemeint ist, und widerspricht nicht mehr. – Von den Festgenommenen bleibt nur Günter W., bei dem eine Schußwaffe gefunden wird, vorläufig im Gefängnis.

Die Jungs werden vom Jugendrichter unter Auf-
lagen wieder freigelassen. – Während der polizeilichen Vernehmung, so ein Kriminalbeamter, sei
Wulf »schuldbewußt« gewesen, Werner »eher ru-
hig«, Olaf »geknickt« und Björn »locker, flockig
und redegewandt«. – Bevor sie wegen Verdunke-
lungsgefahr wieder festgenommen werden, erleben
Zeugen, Mitwisser und andere, die etwas wissen
oder sagen oder wissen oder sagen könnten, eine
aufreibende Zeit. Manche werden wegen ihrer Aussagen oder wegen Gerüchten über ihre Aussagen
bedroht oder zusammengeschlagen. Die Szene ist
wie aufgescheucht. Ein Mann baut seine Wohnungstür um, so daß die Türklinke mit einem Zug
zum Dolchgriff wird. – Ein Angestellter der Stadt
sagt aus, er sei telephonisch bedroht worden. Er
sollte sich überlegen, was er aussage. Der Mann hat
beobachtet, wie Wulf und ein anderer mit Knüppeln
auf Erwin C. gewartet haben. – Der arbeits- und
wohnungslose Zeuge Erwin C. wird am Bahnhof
Elmshorn aufgegriffen und zwangsvorgeführt. Seinen Aufenthaltsort flüstert er der Protokollantin
zu. Er kann oder will sich nicht an den Ablauf jenes
Abends erinnern. Schließlich bejaht er die Frage, ob
er Angst habe. Vor wem. »Vor den Freunden der
vier. Man sagt, es müssen noch zwei sterben.« –
Während einer Verhandlungspause macht Björn,
drei Schritte neben Erwin C., einen kurzen Satz zu

dem Mann hin und sagt laut, drohend und gewiß:
»Red keinen Scheiß hier!« Am Ende des Tages bekommt Björn dafür seinen Haftbefehl und begleitet
die anderen zur Justizvollzugsanstalt Neumünster.

Auch Günter W. wird zur Zeugenvernehmung
zwangsweise vorgeführt. Als Grund für sein Weg-
bleiben gibt er Angst vor den Freunden der vier an.
Sein Sohn Werner habe ihm gesagt, es müßten noch
zwei sterben, und das könnten nur Erwin C. und er
sein. Günter W. behauptet sogar, unter Skinheads
gebe es einen Todesschwur für Verräter. Der Richter lächelt und nimmt ihm diese Begründung nicht
ab. – Fünf Tage nach der Aussage im Prozeß gegen
seinen Sohn erdrosselt Günter W. gemeinsam mit
dem Mann, der seine Wohnungsklinke zum Dolchgriff umbaute, den arbeitslosen Frieder F. Beider
Motiv ist Rache für Aussagen oder Falschaussagen
gegenüber der Polizei vor der Verhaftung der Jungs.
Nicht als Opfer, sondern als Täter liefert der Acht-
undvierzigjährige den die eigene Prophezeiung er-
füllenden Beleg dafür, daß es einen Todesschwur
für Verräter gibt.

Nach dem Verhandlungstag frage ich mich, wer
diese vier Jungs sind. Sind es Skinheads, sind es

»stadtbekannte Neo-Nazis«, wie in einem Flugblatt steht, oder sind es »gewöhnliche Kriminelle«,
wie in der Bürgerversammlung gesagt wird? Oder
nichts von dem?

Wo ich abends zu Besuch bin, geht der Neunjährige
zwischen seinem Zimmer und dem Spiegel hin und
her, der sich in meiner Nähe befindet. Es geht um
die Schuhe, hohe schwarze Schnürstiefel. Die dik-
ken Schuhe des Jungen passen wunderbar zu seinen
dünnen Beinen, und er sieht es im Spiegel. Dann,
ein Schreck in den Augen, fragt er: »Mutti, sind die
Schuhe schwarz oder dunkelblau?« – »Schwarz«,
sagt die Mutter. Der Junge stiefelt in sein Zimmer.
Er möchte so aussehen wie andere. Er sieht die
Schönheit.

Wenn ich in den Schulbussen sitze oder wenn ich
die Schüler nachmittags am zentralen Platz ihres
Ortes herumlungern und darauf warten sehe, daß
endlich etwas geschieht, dann sehe ich, warum
Jungs gern an Kopf oder Fuß die Zeichen tragen, an
denen wir Skinheads zu erkennen meinen. Was ich
sehe, ist ein Unterschied. Erklären tut sich das eher
in Form von Bildern als mit Wörtern. Es erklärt
sich, wenn ich sie alle nebeneinander *sehe*. In erster
Linie scheint es eine ästhetische Entscheidung zu
sein. Schwarze oder braune hochgeschnürte Stiefel

unter engen Jeans, dazu eine weite Jacke, das ist das grobe Signal. Die Füße wirken im Verhältnis zu den dünnen Beinen stämmig oder klobig, und im Vergleich mit dem Schuhwerk erscheinen die jeansverschnürten Beine als Striche. Auf ländlichen Marktplätzen, in Schulbussen und Diskotheken gibt es kein ästhetisches Gegenangebot, keine andere verbindende Kluft außerhalb der Benetton-Internationale. Wer nicht aussehen will wie jeder und doch eine ihn mit anderen verbindende Kluft tragen will, übernimmt außerhalb der Großstädte, in der sogenannten Provinz, etwas von der Kleidung der Skinheads. Viele Auseinandersetzungen unter deutschen Jugendlichen spielen sich deshalb allein unter Skinheads ab. Die rechtsradikale, ausländerverfolgende Fraktion, die Whiteskins, werden bekämpft von den Redskins, die die Kluft ähnlich tragen, meistens in Schwarz. Auf beiden Seiten wird weiter unterschieden, zum Beispiel in Nazi-Skin und Fascho-Skin.

Ausländerhaß ist sicherlich nicht das Motiv des Neunjährigen, schwarze hochgeschnürte Stiefel zu tragen. Er braucht die Schuhe, weil sein Freund sie schon hat und weil sie *geil* aussehen. Allein Turnschuhe, logisch nur die hochgeschnürten, können da mithalten; mit ihnen erreicht man eine ähnliche Silhouette.

Einen Schnürstiefelträger mit einem Skinhead, Skinheads mit Rechtsradikalen oder Neo-Nazis gleichzusetzen, beim Begriff *Skinhead Faschist* zu denken, ist im Einzelfall selten richtig, doch als Assoziation kaum mehr zu vermeiden. Da das Modezeichen *Skinhead* eine starke Ausstrahlung hat, ist es tatsächlich immer öfter so, daß Modezeichen und ideologisch besetzter Hintergrund wechselnde Verbindungen eingehen. Es wäre leichtfertig, die Kraft des Modezeichens geringer einzustufen als die Kraft der Ideologie. Die Ideologien der Ungleichheit sind alt; Modezeichen können sie aktualisieren. In der Skinhead-Szene erledigen viele Unpolitische die Dreckarbeit für die mit einem politischen Interesse. Rechtsradikale Logistik und verwahrloste Fans sind eine Verbindung eingegangen, die danach keiner als solche verstanden wissen will: Die verurteilten Gewalttäter weisen jeden Verdacht, rechtsextrem zu sein, von sich, und die sich frei bewegenden Gesinnungsführer distanzieren sich von Gewalttätern, die nicht ihren Organisationen angehören. Einige von denen, die Woche für Woche vor deutschen Gerichten stehen, haben sich in dem Modezeichen, das gerade angesagt war, verirrt. Den wirklichen Neo-Nazis kommen die Gleichsetzung von Skinheads und Neo-Nazis sowie die Bedeutung der Kluft als Modezeichen gelegen. Sie pflegen die Kontakte zu Dorf- und Marktplätzen und sind weitab von den Taten, die dann dort geschehen.

Doch die wenigsten fallen allein aufs Modezeichen herein. Die ehemaligen Skinheads, die in Itzehoe vor Gericht stehen und sich zu den fünf ihnen vorgeworfenen Taten bekennen, formulieren kein politisches Motiv – allerdings stehen sie zu ihrer Verachtung gegenüber der Lebensweise des Opfers. Rechtsradikale Gesinnung oder das Modezeichen allein haben die Jungs nicht auf diesen Weg geschickt. Ohne die Verwahrlosung ihrer Erziehungsberechtigten wären sie hier nicht angekommen.

Am nächsten Verhandlungstag das bekannte Bild: Werner und Olaf schauen dumpf vor sich hin, nur Wulf und Björn bewegen sich auf ihren Stühlen, grüßen mal ins Publikum und verständigen sich mimisch, wobei Björn die Gesten gern übertreibt. Seit auch er einsitzt, hat er ein zweites, trostleeres Gesicht bekommen, und einen abgestoppten Blick, als ende der auf der Nasenspitze.

Dem Richter gegenüber bezeichnen sie sich als Sympathisanten der Skinheads. Im Verhandlungssaal weist kein Kleidungsstück und kein Haarschnitt auf ihre Vorliebe. (Im Gefängnis ist ein Skin ein kleiner Keiler.) Schließlich erklärt der Richter in der Urteilsbegründung, daß eine Zuordnung zu der Gruppe für die Taten nicht von Belang sei ... Ein letztes Mal wird ihnen klargemacht, daß sie nicht jene geworden sind, die sie werden wollten. – Aber wer sind diese vier Jungs?

Werner, Olaf und Björn sind durch unterschiedliche Katastrophen gegangen, bis sie hier sitzen. Der Sachverständige nennt diese Katastrophen »Broken-Home-Problematik«. Werner wohnte mit Günter W., der Mutter und zwei Brüdern zusammen. Günter W.s Gewaltbereitschaft wird Anfang der Achtziger auffällig, nachdem der Gleisbauwerker arbeitslos geworden ist. Zu Hause prügelt er seine Frau krankenhausreif. Im Krankenhaus erleidet sie einen Schlaganfall. Seitdem lebt sie in einem Pflegeheim. Sohn Werner, der die Schlägerei mitbekommen hat, macht sich den Vorwurf, zu spät dazwischengegangen zu sein. – In diesen Tagen bekommt Günter W. Besuch von einem Lehrer seines jüngsten Sohnes. Günter W. bietet dem Lehrer das Armdrücken an, um festzustellen, wer der Stärkere ist. Der Lehrer nimmt W.s Arm und klemmt ihn W. auf den Rücken. Er fragt, warum der Sohn nicht die Klassenfahrt mitmachen solle, das Geld dafür sei da. Günter W. weint und sagt, sein Sohn habe Angst, seine Mutter könne während der Klassenfahrt sterben. Der Lehrer akzeptiert. Wieder etwas

aufgerichtet, will Günter W. erneut das Armdrük-
ken machen und bekommt zur Antwort, er mache
besser etwas zu essen, sein Sohn werde gleich aus
der Schule kommen. Danach ist Günter W. einige
Wochen lang nicht in den Trinkhallen zu sehen. Allerdings enden diese Wochen mit einem Wutanfall.
Er schlägt mit der Faust in einen Aschenbecher und
trägt einen Handverband davon, der die Hausarbeit
beendet. – Danach ziehen Günter W. und Sohn
Werner zu Marga T. An die Zimmertüren der Männer sind Hakenkreuze gemalt. In der vorigen Wohnung soll ein ganzes Zimmer mit FAP-Aufklebern,
die nicht größer als Zigarettenschachteln sind, tape-
ziert gewesen sein. – Die beiden letzten zur Verhandlung stehenden Taten, die Brandstiftung und
die Körperverletzung mit Todesfolge, sind Antworten von Werner auf seine eigene Geschichte,
ohne daß er die Taten selber begangen hat. Er hat
sich als Auslöser betätigt. Eines Nachts steigt er mit
Björn in die Wohnung ein, wo er früher lebte und
wo seine Mutter zusammengeschlagen wurde. Dort
bringt er Björn dazu, eine Plastiktüte anzuzünden.
In dem bewohnten Haus entsteht ein Brand. Das
Gericht nimmt die Deckungsgleichheit der Brand-
stiftungsadresse mit Werners früherer Wohnadresse
nicht wahr. An dem Abend bei Marga T. bringt
Werner durch seinen bewußt geheimgehaltenen
Diebstahl der Wohnungsschlüssel und der fünfzig

Mark die anderen dazu, auf Marga T. einzuschlagen. Keineswegs versucht er die Situation zu entschärfen. Er scheint sie gewollt zu haben.

Während der Verhandlung ist der medizinische Sachverständige, der psychologische Einschätzungen der vier vortragen soll, auf ähnliche Zusammenhänge nicht gekommen. Vielmehr hat er die Angeklagten nach den Festnahmen befragt und zeigt keine Scheu, jedes ihrer Worte, auch über den Tathergang, dem Gericht zur Kenntnis zu geben, so daß er wie ein Nebenermittler erscheint. Als Grund für seine Einschätzung, man habe es mit »gestörten Persönlichkeiten« zu tun, führt er deren Mißachtung eines Menschenlebens an. Er gründet sein Gutachten auf die zur Verhandlung stehenden Taten, ohne auf diese ein Licht zu werfen, in dem die Motive, sich ausgerechnet an dieser Frau zu vergehen, erhellt würden. – Positiv wird Werner vom Gericht angerechnet, daß er sich die Photos vom Opfer nach der Tat nicht anschauen will.

Olafs Lebensgeschichte des Sichselbstüberlassengebliebenseins wird im Verhandlungssaal nicht verlesen. Die Jugendgerichtshilfe und Olafs Anwalt sind sich einig, daß der Schaden für den Angeklagten höher wäre als der Nutzen für die Verhandlung, wenn man Olafs Kindheit ausbreiten würde. Sie ist selbst in der dreißigjährigen Praxis des Vertreters der Jugendgerichtshilfe ein »deprimierender Höhepunkt«.

Werner und Olaf, die Söhne der verwahrlosten Familien, kennen die Anfänge der Skinhead-Szene vom Ort und schwärmen noch heute von der Zeit. Wulf und Björn, die aus eher intakten Verhältnissen kommen, staffieren sich erst ein Jahr vor den bekanntgewordenen Taten als Skinheads aus. Wulf, der älteste und kräftigste, befiehlt, und Björn, der jüngste, führt Wulfs Befehle aus. Zum ersten Tritt gegen Marga T. wird Björn von Wulf aufgefordert. Den Totschläger, den Wulf während der Zurichtung der Frau hervorholt, hat Björn in den ersten Wochen seiner Schmiedelehre angefertigt und seinem Freund geschenkt. Wulf und Björn sind agil und dynamisch; zusammen mit den eher träge wirkenden Werner und Olaf, zu viert, ergeben sie die explosive Mischung eines Pärchens, das sich die Kommandos zuspielt, und zweier williger Verstärker, die mitmachen, weil was los ist. Wenige Monate vor den Taten ist Wulf von einem Kriminalpolizisten aufgefordert worden, sich von der Gruppe zu lösen. Wulf und Björn sagen während der Verhandlung, daß sie das »Saufen und Nörgeln« der Frau nicht ertragen konnten (Marga T. ist eine alkoholabhängige Frau im Alter der alkoholabhängigen Mütter von Werner und Olaf). Wulf und Björn fügen ihr die schwersten Verletzungen zu. Werner und Olaf dagegen, jene aus den kaputten Familien, fallen mit Brutalität gegen Marga T. nicht auf. Werner hat sie überhaupt nicht geschlagen, sondern die Situation mit seinem verdeckten Diebstahl ausgelöst. Olaf hat Wulf aufgefordert, den Totschläger wieder einzustecken. Es sind auch Wulf und Björn, die Günter W. nicht ins Schlafzimmer seiner »Lebensgefährtin« lassen, die drohen, ihn umzubringen, wenn er was sagen würde. Werner ist zu dieser Zeit gar nicht mehr in der Wohnung, und Olaf wächst die Situation über den Kopf.

»Ich wollte dabeisein«, sagt Björn. Ins Skinhead-Outfit schlüpft er nach der Scheidung seiner Eltern. Der Vater verschafft ihm die Schmiedelehre und überläßt Björn gegen die Auflage, die Skinhead-Klamotten nicht mehr anzuziehen, einen Kellerraum in seinem neuen Haus. Björn nimmt es als Angebot eines Doppellebens wahr. Während der Lehre fertigt er heimlich den Totschläger an. Wenn er nach Kellinghusen zu den anderen fährt, zieht er sich unterwegs die Montur an, in der er dazugehört.

Der Verlaß auf funktionierende Ehen scheint ein zu großes Risiko zu sein, wenn Kindererziehung darauf fußen soll. Als Angeklagte wäre die Institution

Familie zu laden. Diese Kinder haften nicht für ihre Eltern, aber sie haften für die Konzentrierung auf den Erziehungsort Familie. Fällt die Familie aus, ist der Ort geschlossen, ist sogleich nichts da, außer der Lust, alles in Klump zu schlagen, und anderen, denen es ebenso geht. – Vorübergehend ergibt sich das Bild, daß der, dessen Jugendzeit nicht negativ aktenkundig ist, Wulf, die schlechtesten Karten hat. Obwohl er derjenige ist, der eigene Worte der Reue findet.

Nachrichten wie die über die Todesumstände der Marga T. lassen nach Erklärungen suchen. Allen Erklärungen ist das Manko eigen, daß sie das Moment der Tat, das Moment der gemeinschaftlichen Gewalt als gemeinschaftlichen Lusterlebnisses nicht erreichen, nicht einmal streifen. Außer allem zur Sprache Gekommenen verbindet die Jungs etwas nicht zur Sprache Gekommenes. Ich sehe es ihren Blicken an, wenn über sie gesprochen wird. Manchmal scheinen sie dann prüfen zu müssen, ob wirklich sie das sind, über die geredet wird.

Die Jugendstrafen betragen für Wulf sechseinhalb Jahre, für Werner fünfeinhalb Jahre, für Olaf fünf Jahre und für Björn viereinhalb Jahre. In drei Fällen geht das Gericht über die Anträge der Staatsanwaltschaft hinaus.

In der Justizvollzugsanstalt Neumünster sitzen 160 jugendliche Gefangene ein. 16 von ihnen sind »Gewalttäter«, denen eine Therapie angeboten wird. 4 dieser 16 kommen aus dem kleinen Kellinghusen.

Anderswo erzähle ich von dem Prozeß gegen die vier. Einer, der in Jugendheimen und als Familienhelfer gearbeitet hat, spricht von Asozialen, die aus dem Verkehr gezogen gehörten. Wer in diesem Alter keinen Respekt vor Menschenleben habe, lerne ihn nicht mehr dazu und sei somit für immer verurteilt. Nachdem Widerreden nicht ankommen, will ich mindestens bestätigt haben, daß das eine Übertreibung ist. Der andere bleibt dabei, daß vier Todesstrafen »das Humanste« seien.

Das Netz der Kriminalpolizisten verdichtet sich. In Itzehoe und Kellinghusen erkenne ich sie, wenn sie an mir vorübergehen. Selbst der Pfarrer entpuppt sich als Kriminalpolizist. Wahrscheinlich kennt jeder einen, der Kriminalpolizist und zuständig ist. Auf dem Land scheint jeder zweite Polizist zu sein. Sie merken sich deine Autonummer, wenn du unentschieden Landwege lang fährst; die Nummer kann einmal nützlich werden. – Zwischen zwei Verhandlungstagen bin ich nach Pettstadt in Bayern gefahren. Dort steht das Auto zwei Nächte und einen Tag mit einem Reifen auf dem öffentlichen Rasenstreifen, der die Straße begrenzt. Nach vierzig Stunden Pettstadt klingelt ein Polizist bei meinen Gastgebern und schildert den Sachverhalt, auf den die Polizei von einem Anrufer aufmerksam gemacht worden sei. In der Absicht, mich zu beruhigen, sagt der Polizist: »Wir haben Sie überprüft. Es ist alles in Ordnung.«

Jana sagt, die Jungs seien feige, weil sie *zusammen eine* Frau getötet haben, und sie fragt, warum nicht *jeder eine* Frau getötet hat.

Nach Monaten wieder auf dem Weg nach Itzehoe, weiß ich noch den Winkel jeder Kurve. Im Verhandlungssaal setze ich mich auf den gleichen Platz. Im Zuschauerabteil sind dieselben Kriminalpolizisten wie damals. Kennzeichen Vollbart. Ihre Art der Wachsamkeit ist dauerhafte Nervosität. Ich habe die Gelegenheit zu beobachten, wie sie mich beobachten. Naiverweise sind ihre Fahnderblicke mit Körperverrenkungen verbunden. Andere sind geschickter. Sie drehen den Kopf nur minimal und bleiben beobachtend so. Als ich einen bemerke, ist es nicht einfach, mich nicht ertappt zu fühlen, obwohl ich ja ihn ertappt habe.

Angeklagt sind der 27jährige Arbeitslose Hans A. aus Kellinghusen und der inzwischen 49jährige Ar-

beitslose Günter W. aus Wrist, »gemeinschaftlich handelnd und vorsätzlich einen Menschen getötet zu haben, ohne Mörder zu sein«. Opfer ist der 51jährige Arbeitslose Frieder F. aus Kellinghusen. Er wurde in Hans A.s Wohnung mit dem Verlängerungskabel eines Spielautomaten erdrosselt.

Am Morgen des Tattages kaufen Günter W. und Frieder F. für zehn Mark einundzwanzig Dosen Bier, das Stück für siebenundvierzig Pfennig, und trinken diese bis zum Nachmittag. Dann treffen sie Hans A. und gehen zu ihm. Die Männer trinken und streiten über eine Aussage, die Frieder F. gegenüber der Polizei gemacht haben soll. Nachdem er bereits Verletzungen an Stirn, Schläfe, Kiefer und Kinn hat, legt Hans A. ihm das Kabel um den Hals. Hans A. behauptet, er und Günter W. hätten gemeinsam an dem Kabel gezogen. Günter W. behauptet, der andere hätte das allein getan. Sie schleppen den leblosen Frieder F. in die Dusche und besprühen ihn mit kaltem Wasser. Als sie merken, daß der nicht mehr lebt, schließen sie die Badezimmertür ab und fahren mit dem Taxi ins vierzehn Kilometer entfernte Bad Bramstedt, »denn da ist man weg aus der Umgebung« (Hans A.). Sie trinken und spielen an Automaten, bis das Geld aufgebraucht ist. Als Hans A. wieder Geld abhebt, haut Günter W. ab, fährt zu seinem Bruder und erzählt, was geschehen ist. Danach erfährt die Polizei davon.

Richter: »Wie kannten Sie F.?« – Günter W.: »Wir tranken zusammen.« – Zeuge P.: »Frieder war oft da und kriegte manchmal eins auf den Deckel.« – Richter: »Warum wurde F. geschlagen?« – Hans A.: »F. wurde öfter geschlagen.« – Günter W.: »Der war so laut.« – Hans A.: »Frieder hat, wenn er geschlagen wurde, immer wieder rumgeschrien.« – Zeuge P.: »Frieder war gutmütig. Man konnte ihn herumstoßen, wie man wollte.«

In der Mittagspause, im Karstadt-Restaurant, gibt es das vertraut schwerverdauliche Essen (»Truthahn-Geschnetzeltes«), das sich auch die zwei Gerichtshelfer mit Türsteherfiguren antun. Den Prozeß lang sitzen sie in Zivil als notwendige Verstärkung für einen verschlafenen und wie vor Monaten erkälteten Gerichtshelfer in Uniform neben der einzigen unverschlossenen Tür nach draußen, die die Angeklagten erreichen könnten.

Hans A.s »Familienleben« und seine strafrechtliche Vergangenheit sind denen der verurteilten vier Jungs ähnlich. Mit fünfzehn geschehen kleine Delikte wie Fahren ohne Fahrerlaubnis. Nachdem seine Mutter die Familie verlassen hat, beginnt er zu trinken. Das

Strafregister wächst an: drei Diebstahlsverurteilungen für mindestens zwölf Fälle; Raub, Hausfriedensbruch und Körperverletzung. Zudem enttäuscht ihn der Dienst bei der Bundeswehr, wo er Wache schieben muß, was er nicht will – wogegen er trinkt. Einmal kommt er vom Urlaub nicht zurück und wird wegen Abwesenheit von der Truppe verurteilt. Daß er sich jetzt »Umschüler« nennt, steht für ein jahrelanges Hinundher zwischen Anstellung und Arbeitslosigkeit. – Günter W., Skinhead Werners Vater, hat in der Untersuchungshaft dreimal versucht sich zu töten, zuletzt einen Tag vor Prozeßbeginn. (Richter: »Warum?« – Günter W.: »Ich hab doch alles verloren.«) Auf Entzug hat der Alkoholabhängige während der Haft zwanzig Kilogramm zugenommen. Von ihm sind lediglich zwei Körperverletzungen bekannt. Der Gutachter hat durch eine Computertomographie einen Hirnschwund im Stirnhirnbereich festgestellt.

Ein unangemeldeter Zeuge, der aussagt, vor der Tat habe Günter W. ihm gesagt, Frieder F. werde er »auch noch fertigmachen«, bringt das Gericht zu dem Urteil, daß Hans A. und Günter W. gleichermaßen an Frieder F.s Tod beteiligt gewesen seien. – Günter W. wird zu einer Freiheitsstrafe von acht Jahren und vier Monaten, Hans A. zu sieben Jahren und zwei Monaten Freiheitsentzug verurteilt.

Die Verbindung zwischen dem Tod der Marga T. und dem Tod des Frieder F. ist offensichtlich. Wäre die Frau nicht gestorben, dann wäre auch der Mann nicht gestorben. Aber jeder Fall wird für sich verhandelt, und Aussagen in anderen Prozessen sind für diesen nicht verwertbar. Das hat gute Gründe. Die Entzerrung flottierenden Lebens in Prozeßeinheiten führt allerdings zur Fragmentarisierung des wirklichen Lebens in sich nicht aufeinander beziehende Abschnitte.

Nachdem er alle Ladungen, als Zeuge im Prozeß gegen die vier ehemaligen Skinheads auszusagen, ignoriert hat, wird Günter W. von der Polizei aufgegriffen und im Verhandlungssaal zwangsvorgeführt. Als er im Begriff ist, nur noch zu fliehen, wird er aufs neue konfrontiert. Sein Motiv gegen Frieder F., dem er lange schon vorwarf, Sohn Werner an die Polizei verraten zu haben, ist durch die Zwangsvorführung sicherlich erneuert worden. Fünf Tage später tötet er Frieder F.

Immer wieder heißt es: »Ich hatte Angst.« Björn hat Angst vor den anderen und versucht die Angst zu verlieren, indem er jederzeit zeigt, daß er aktiv dabei ist. Erwin C. hat Angst vor den Freunden der vier und trinkt das Dosenbier lieber am Bahnhof Elmshorn. Günter W. hat Angst und verschwindet aus dem Kellinghusener Stadtbild. Hans A. hat Angst vor Günter W. und den Jungs und baut eine Türklinke zum Dolch um. Frieder F. hat Angst vor Hans A. und vor Günter W. Jeder hat Angst vor dem Nächststärkeren. Die Drohung ist so vage und konkret, daß viele sich persönlich gemeint fühlen. Teils scheint Angst mehr atmosphärisch als durch konkrete Drohungen zu entstehen. – Günter W. spricht vom »Todesschwur für Verräter«. Der Richter lächelt. Keinesfalls ungewöhnlich dagegen ist, daß, wer der Polizei gegenüber redet, behandelt wird wie ein Verräter. Überfallene und Drangsalierte wagen nicht zur Polizei zu gehen. Die schwerwiegendsten Taten in Kellinghusen sind in Zusammenhang mit Aussagen gegenüber der Polizei oder mit der Drohung, zur Polizei zu gehen, verbunden. Der Streit in der Wohnung der Marga T. kommt in Gang, nachdem die Frau sich über Grabschändungen der Jungs mokiert hat und somit mindestens als unzuverlässig gelten muß. Günter W.s wie Hans A.s Motiv, Frieder F. zu töten, sind F.s Aussagen vor der Polizei. Das Schicksal eines jugoslawischen Gastwirts, von dem noch zu erzählen ist, beginnt mit seiner Drohung, zur Polizei zu gehen. – Für einen »Todesschwur für Verräter« hat es in der rechtsextremen Szene bis dahin zwei Belege gegeben, die Morde an

Johannes Bügner 1981 und Roger Bornemann 1987. Von einem norddeutschen Extremisten, der lokale Führungspositionen bekleidet, ist dieses Zitat bekannt: »Die Verräter verfallen der Feme. Wer ein Verräter ist, muß verschwinden. Und wenn ich verschwinden sage, dann meine ich verschwinden.« – Es besteht also kein Grund zum Lächeln, wenn Günter W. den kolportierten Satz, noch zwei müßten sterben, ernst nimmt. Dieser »Todesschwur« wird kaum weniger bedrohlich, wenn nicht Skins, sondern Möchtegernskins die Angst schüren. Es ist völlig egal. – Doch hat Günter W. etwas verwechselt. Ein solcher Schwur hätte für jemanden wie ihn nicht gegolten. Er sah sich immer noch in der Logistik von Skinheads, lange nachdem er von denen bzw. ihren Kopien als *Asi* bezeichnet worden war. – Mit der Auslöschung eines anderen ist die eigene eingeleitet.

Marga T. ist ein Opfer. Frieder F. ist ein Opfer. Als ich die vier ehemaligen Skinheads im Gerichtssaal sitzen sehe, sehe ich dort vier Opfer sitzen. Beim zweiten Prozeß sehe ich wieder zwei Opfer. Sechs Täter plus zwei Opfer gleich acht Opfer? – Anfangs scheint sich der gesund genannte normierte Menschenverstand gegen solch einen Gedanken zu wehren, denn die Neugier auf das Monster ist ungleich größer als die auf den Sozialfall. Als in den Prozeß

LAING, Lloyd Robert

Settlement types in post-Roman Scotland.
[By] L.R. Laing. (British Archaeological Reports,
13)

Oxford, 1975.

Shelved at

gegen die vier ehemaligen Skinheads die Meldung hineingeplatzt war, Günter W. habe jemanden erdrosselt, da schien zum ersten Mal ein Täter aufzutauchen, und bis zu Beginn des ersten Verhandlungstages gegen ihn hielt ich ihn für den Täter. Hielt ich den Gedanken nicht aus, sichtbar *nur* mit Opfern, nicht mit Tätern zu tun zu haben? Schuld nicht einem Einzelnen zuzuweisen, sondern der Anstrengung unterworfen zu sein, tatfördernde Konstellationen mindestens ebenso ernst zu nehmen wie Schuldanteile von Personen?

Nimmt man jeden der in Itzehoe verhandelten Fälle für sich, so läßt sich nicht sagen, daß es sich um Skinheads, gar um rechtsextremistische, gehandelt hat. Am Ende des Prozesses gegen die vier ist diese Feststellung dem Richter einige Worte wert. Im zweiten Prozeß stellt sich diese Frage gar nicht mehr. Und doch wäre es zu beiden Taten nicht gekommen, gäbe es keine rechtsextreme Skinhead-Szene in Kellinghusen.

Kellinghusen. Im Vergleich zu den umliegenden Ortschaften ähnlicher Größe sieht diese zurückgeblieben aus und verbreitet den Charme ehemaliger Zonenrandgebiete. Zwischen der Behörden- und Industrieballung Itzehoe und dem großzügigen Bad Bramstedt gelegen, hat Kellinghusen von allem

etwas weniger abbekommen. Auffällig ist hier höchstens, wie wenig auffällt.

Nicht mehr Dorf, noch nicht Stadt. Ein Ort ohne Kaufhaus, also mit Dorfmittagsruhe von zwölf bis zwei, wenn die Geschäfte schließen. Kellinghusens Repräsentanten nennen die Stadt »Luftkurort«, »Garnisonsstadt« und »Störstadt«. Die Bewohner kennen aber auch den Namen »Klein-Nürnberg«. Sie erinnern sich daran, daß Tage vor dem Nürnberger Reichsparteitag der NSDAP die norddeutschen Kräfte der Wehrmacht auf dem Gelände der Kaserne zusammengezogen wurden, um den Auf-

marsch zu proben. Aus welcher Richtung man auch
auf die Stadt zufährt: ausgeschildert ist der Weg zur
»Liliencron-Kaserne«.

Treffe zwei Lokaljournalisten und höre Geschichten, die nicht erklären, sondern verwirren. Über-
holt ist alles, was ich bisher zusammengereimt
hatte. »Wirklich?« ist meine für dieses Gespräch ty-
pische Bemerkung. Die Geschichte, wie die Kellinghusener Skinhead-Szene entstanden ist, klingt
wie gut erfunden. Ein Journalist gibt mir seine
Handakte. Titel: »Neo-Nazis«.

»Was tut sich in unserer Stadt?« ist das Thema einer
Bürgerversammlung, zu der vierzig Menschen
kommen, »mehr Funktionäre als Bürger«, wie ein
Funktionär bemerkt. Erstes Thema ist die »Trostlosigkeit der Fußgängerzone«, zweites Thema ist
Straßengewalt. »Man muß durchgehen können,
ohne angeblökt zu werden«, sagt einer. »Jetzt ist
kalte Jahreszeit, da passiert nicht viel, aber es wird ja
wieder warm«, sagt ein anderer. Eher nebenbei
spricht er von »Rechtsradikalismus, besonders in
Kellinghusen«. Es meldet sich ein vom Krieg ge-
zeichneter Mann und besteht darauf, daß die Jungs
nicht wegen Rechtsradikalismus einsitzen, sondern
»weil sie Ganoven sind, ganz normale Ganoven«. –
Meinen sie dasselbe? Beklagt wird, daß die Polizei

Personal habe, um Radfahrer im Fußgängerbereich zum Absteigen zu bringen, nicht aber die Straßen sichern könne. – Im Vorraum, während man sich in die Mäntel hilft: »Wie geht's deiner Frau?« – »Das wüßte ich auch ganz gern. Hab sie seit zwei Tagen nicht gesehen.« – »Was ist los? Sie ist doch nicht in die Stör gegangen?« – »In die Stör? Darauf bin ich noch nicht gekommen. Dann müßte sie morgen in Wewelsfleth antreiben.« – »Fahr doch mal hin und schau nach.« – »Werde ich machen. Wirklich gute Idee.« (Gelächter, Verabschiedung)

Die Akte »Neo-Nazis« gelesen. Demnach gibt es eine Skinhead-Szene in Kellinghusen seit Beginn der achtziger Jahre. 1986 wird der Ort gesondert im Verfassungsschutzbericht aufgeführt. Die Taz schreibt: »Der Spuk hatte begonnen, als ein inzwischen in die Psychiatrie eingelieferter Mann versuchte, eine Gruppe Jugendlicher mit faschistischem Gedankengut zu indoktrinieren.«

Auch die Kellinghusener Lokalseiten der »Norddeutschen Rundschau« gelesen. Die Photokopien macht die Frau vom Counter. Nach der vierten Kopie fragt sie, ob ich darüber eine Arbeit schreibe. Als sie den Bericht über den Tod der Marga T. sieht, sagt sie: »Ach die, die sie vergraben haben.«

»Es ist unsere Pflicht, unsere Kinder so zu erziehen,
daß sie uns lieben, achten und gehorchen.
Wenn sie dies nicht tun, müssen sie bestraft werden,
andernfalls täten wir nicht unsere Pflicht.

Wenn sie aufwachsen und uns lieben, achten und
gehorchen,
sind wir gesegnet dafür, daß wir sie richtig erzogen
haben.

Wenn sie aufwachsen und uns nicht lieben, achten
und gehorchen,
haben wir sie entweder richtig erzogen
oder nicht:
wenn ja,
muß etwas mit ihnen los sein;
wenn nein,
ist etwas mit uns los.«

(Ronald D. Laing, »Knoten«)

3.

Der am Tag der Niederschrift dieses Kapitels verstorbene Michael Kühnen hatte anfangs der achtziger Jahre einen realistischen Plan, wie die kleine Partei, die er gerade gegründet hatte, Nachwuchs rekrutieren könne: »Kameradschaft hat den Auftrag, den Einfluß unserer Bewegung auf Skinheads, Fußballfans usw. auszudehnen.«[1] Besonders von seinen norddeutschen Anhängern erwartete der aus Hamburg stammende Kühnen solche Anstrengungen. Prompt wurden sie unternommen. Seitdem gibt es hierzulande den Zusammenhang von Fußballfans, Skinheads und Rechtsextremen sowie ihren Mitläufern. Skinheadgruppen erneuern sich in den Schulen sowie den Nord-, Süd- und Westkurven der Fußballstadien. Rechtsextreme Parteien wiederum gewinnen ihre schlagkräftige Abteilung aus der Skinheadszene. Jedoch hat jede der Gruppen den Untergeordneten gegenüber Abgrenzungsbedürfnisse. So werden Skinheads von Rechtsextremen gern als »grölende Masse« und »undisziplinierter Sauhaufen« abgekanzelt. Keineswegs werden jedoch die konkreten Brutalitäten verurteilt. Kühnen: »Es kommt ... hinzu, daß wir hauptsächlich ... junge Menschen ansprechen, die nicht so in der

Lage sind, sich zu artikulieren und sich so klar zu machen, was sie eigentlich wollen ... Bei uns beruht eben sehr viel auf ... der gefühlsmäßigen Durchdringung, auf dem gefühlsmäßigen Lernen mehr als auf dem rationalen Lernen.«[2] Kühnens Vorstellungen von der Einbindung Jugendlicher in rechtsextreme Organisationen sind Wirklichkeit geworden. »Wir schulen uns hauptsächlich in der Aktion. Das heißt also, wenn wir politisch tätig sind in der Öffentlichkeit, so wie wir es tun, bekommen unsere jungen Leute das beste Bild davon, wer unsere Gegner sind ... Wir halten nichts davon ... die Leute an langen Tischen zu versammeln und ihnen jetzt also einzublöken, das und das müßt ihr glauben.«[3] – Das war vor der Homosexualitätsdebatte innerhalb der »Rechten«, als Kühnen noch die gesamte »Bewegung« hinter sich wußte.

In dem norddeutschen Städtchen Kellinghusen hat die Offensive von Kühnens Gefolgsleuten die Wirklichkeit verändert. Eigentümlich verschroben beginnt die Affäre, und von Anfang an scheinen sich alle an ein Drehbuch zu halten, das keiner gelesen, doch jeder verinnerlicht hat.

Im Sommer 1983 gewöhnen sich die Kellinghusener daran, daß ein Bewohner mit einer Deutschlandfahne und einem Kassettenrekorder, der nationales Liedgut abspielt, durch die Stadt schlendert und den deutschen Gruß zelebriert. Jenen an einer Hand Aufzuzählenden, die sich daran nicht gewöhnen wollen, wird gesagt, sie sollten das Ereignis nicht politisch ernst nehmen, sondern als Ausdruck eines persönlichen Schicksals verstehen. – Für viele Kinder in Kellinghusen, die zu alt für den Spielplatz und zu jung fürs Nachtleben sind, wird der Mann, der seinen Kassettenrekorder nun in eine Hakenkreuzfahne einwickelt und selbstgefertigte Broschüren mit dem Titel »Atlantic Observer« sowie NS-Embleme verteilt, zur aufregendsten Straßenbekanntschaft. Zeitweise sind es dreißig Zehn- bis Fünfzehnjährige, die sich um H. R. scharen. H. R. bewohnt das in einem Wäldchen am Stadtrand gelegene Haus seiner Eltern allein. Am liebsten ist er in der Nähe der Jüngsten. Er geht im Haus der Jugend ein und aus, vor den Schulen auf und ab, und sein Haus wird zum Treffpunkt der Jungs. Sie können es über die Kellerfenster auch betreten, wenn H. R. nicht dort ist. H. R. sorgt dafür, daß Getränke im Haus sind. Er finanziert den Jungs Fahrten und Eintrittskarten zu Heimspielen des Hamburger SV, wo sie im Westblock, bei den Fans, sitzen. Die Rede ist auch von einer Fahrt nach Frankreich zu einem Treffen deutsch-französischen Wehrsportnachwuchses. Zwei Brüder bilden die Klammer zwi-

schen den Kids und H. R., der Kontakte zur FAP
hat. Später werden die beiden Brüder die Führer der
Ortsgruppe Kellinghusen der FAP werden. – 1983
wundert man sich in Kellinghusen weder über die
im Graben der Straße nach Störkathen Wehrübun-
gen treibenden Jungs noch über die eines Nachts
abgesperrte Landstraße (die an H. R.s Haus vorbei-
führt). – Die Kellinghusener dulden H. R. als Narr,
der nicht Verbot, sondern Nachsicht verdient. So
wie sie einen Fremden aus ihrem Zentrum verjagen
würden, müssen sie mit einem von ihnen, wie er
auch geraten sein möge, leben. Der Mann entstammt
einer alteingesessenen, mit vielen Vereinen und Verbänden des Ortes verwickelten Landwirtsfamilie.
Bevor er auf dem Marktplatz, wie Bewohner sagen,
»protestierte, aber man wußte nicht wogegen«,
schließt er an der Hamburger Universität ein Volks-
wirtschaftsstudium mit guten Noten ab. – Das Drü-
berwegsehen hat auch Grenzen: Ein Lehrer will den
Mann von der Straße vor der Schule weghaben, weil
so kein Unterricht zu machen sei, und ruft die Polizei. Als die Feuerwehr ihren Geburtstagsumzug
starten will, steht H. R. mit seiner Deutschlandfahne
an der Spitze des Umzugs und wird von den Feiern-
den vertrieben. – An ihren Schulen fallen die jungen
Freunde von H. R. kaum auf. Lehrer schildern sie
als zurückhaltend. An Diskussionen über die NS-
Zeit beteiligen sie sich nicht. Einer ist kurzzeitig

Schulsprecher. Ein anderer erhält allerdings einen
Verweis, weil er während des Unterrichts einen
Galgen und das Wort Jude auf seine Hose malt.
Mehrere der Jungs basteln im Werkunterricht Baseballschläger für den eigenen Bedarf, der nicht der
ist, Baseball zu spielen. – In diesem Jahr häufen sich
Sachbeschädigungen an öffentlichen Einrichtungen. Bekannt werden die ersten Grabschändungen
seit langem. Es wird im Rathaus eingebrochen und
nichts gestohlen. – Nur wenige in Kellinghusen
wissen, daß die Mutter von H. R. 1982 gestorben
ist. Sein Vater zog daraufhin ins Altersheim. In diesem Zeitraum hat H. R. sich verwandelt oder eine
früher erzwungene Verwandlung nicht mehr leben
können. Ärzte sprechen von Schizophrenie. Nach
dem Tod seines Vaters wird H. R. in eine psychiatri-
sche Klinik verbracht und entmündigt. Entmündigt
und verbracht lebt er heute noch.[4]

1984 (»Nachrüstung«) stellen die Jusos den Antrag,
die »Garnisonsstadt«, an deren Rand Atomspreng-
köpfe gebunkert sind, zur atomwaffenfreien Zone
zu erklären. Wenig später verbietet der Bürgermeister der »Friedensinitiative Kellinghusen«, das
Haus der Jugend als Veranstaltungsort zu nutzen.
Um diese schwer zu begründende Entscheidung
durch Generalisierung offenbar abzuschwächen,
verbietet der Bürgermeister bald darauf jegliche po-

litische Veranstaltung im Haus der Jugend. Nach Schlägereien zwischen Linken und Skins wird das Haus geschlossen. Die Erzieher werden entlassen. In Briefen an die Lokalpresse wird befürchtet, daß Jugendliche nun in Kneipen, Spielhallen oder auf die Straßen getrieben würden. In Kellinghusen wohnen 1200 Menschen zwischen 12 und 20 Jahren. – Über den Beginn der Unstimmigkeiten im Haus der Jugend sagt die eine Seite, eines Tages hätten Skinheads die Einrichtung demoliert. Die andere Seite sagt, man sei von den dort (mehrheitlich) verkehrenden Linken andauernd als Nazis beleidigt worden. Schon vor jedem rekonstruier- und nacherzählbaren Anfang scheinen beide sich als Gegner ausgesucht zu haben, so daß für die Beschreibung jedes Moments, auch des Anfangs, zwei Versionen, eben die berühmte eine und die berühmte andere, bestehen. – Der Bürgermeister nennt das Problem »Haus der Jugend«. Die Jusos nennen das Problem »Neo-Nazis«. Skinheads nennen das Problem »Linke«. Die Polizei spricht von »rivalisierenden Jugendlichen«. Die Benennung des Problems wird nicht im Dienste einer Lösung gewählt. Ihr Dienst ist die Problemverschiebung von sich weg zum politischen Gegner: Auf der einen Seite örtliche CDU, Bürgermeister und Polizeileitung. Auf der anderen Seite Jusos und antifaschistische Arbeitskreise. Wie bei einem aussichtslosen Ehestreit werden die ein-

schnappenden Reflexe bedient und erwidert und
bedient. Diskussion wird eher simuliert, indem jede
Seite mit ihren Vorurteilen, von denen sie allzu
überzeugt ist, die Vorurteile der anderen Seite her-
vorruft. Da beide Seiten sich seit über hundert Jahren kennen, geht das wie im Schlaf. Und verhindert
wird, über das zu sprechen, das sie und uns alle, wie
sie und wir da und hier sitzen, reden und argumen-
tieren, miteinander verbindet: Das Problem. Die
Hauptsache. Deutsch.[5] – Im August 1984 lassen die
meisten Jungs aus dem Kreis um H. R. sich Glatzen
schneiden, ziehen Stiefel und Fliegerjacken an und
sind für viele am Ort nicht mehr voneinander zu
unterscheiden. Es wird beobachtet, wie etwas Ältere den Jungskins in einem Waldstück hinter den
Rensinger Seen »regelrecht Unterricht geben und
Wehrspiele treiben, in Reih und Glied, mit Unterordnung«. Der Augenzeuge, K., jugoslawischer
Diskothekenbetreiber am Ort, fragt einen der An-
führer: »Übst du den Aufstand?« Die Antwort des
damals Fünfzehnjährigen: »Du wirst schon sehen,
daß du hier nicht mehr lange leben wirst.« Wenig
später entdeckt der Wirt an seinen Hauswänden
Hakenkreuze. K. behauptet dem Fünfzehnjährigen
gegenüber, Photos zu besitzen, auf denen der Junge
malend zu sehen sei. Wenn die Malereien nicht verschwänden, gingen die Photos an die Polizei. Einen
Tag danach sind die Zeichen von der Wand. Doch

die Drohung mit der Polizei ist nicht vergessen. – Was von nun an geschehen wird, ist vorentschieden. Im kommenden Jahr wird es eine Ortsgruppe Kellinghusen der FAP geben. Drei Jahre lang werden verschiedene Verantwortliche dem Drehbuch gemäß, das niemand vorliegen hat, das aber alle verinnerlicht haben, sich weigern, die Existenz einer Ortsgruppe der FAP wahrzunehmen.

Anfang 1985 brennt ein Schuppen auf dem Grundstück des jugoslawischen Gastwirts ab. In der Hauptschule werden drei Brände gelegt. Im Wochentakt werden beide Friedhöfe viermal verwüstet. Ende des Jahres vergeht kein Wochenende ohne schwere Schlägereien in der Nähe von Diskotheken, wo Skinheads Hausverbot haben. Zu dieser Zeit tobt in Hamburg ein Kampf zwischen Skinheads und Türken, dem zwei Türken zum Opfer fallen. Auch die aus den Kellinghusener Diskotheken Ausgesperrten warten vor den Läden auf Türken, um sie dann zu überfallen. In einem Fall können sich zwei Türken in ihr Auto retten. Während die Heckscheibe zerschlagen wird, rasen sie davon. Dann dreht der Wagen um und fährt auf die Skinhead-Gruppe zu. Drei werden verletzt, einer schwer (gegen die Türken wird danach wegen vorsätzlicher Körperverletzung ermittelt, die Skinheads werden nach Aufnahme der Personalien in Ruhe gelassen).

Anfang 1986, wie schon zu Ende des Vorjahres, wird der Diskothekenbesitzer K. von seinem Personal angerufen, weil entgegen dem Verbot Skinheads im Lokal sind. K. trifft auf zwei nicht besonders kräftige Skins, die Billard spielen. Er nimmt ihnen die Stöcke ab und befiehlt ihnen, das Lokal zu verlassen. Aus einer Ecke kommen sieben Skinheads auf K. zu. Er ist in eine Falle gelaufen. Mit Billardstöcken schlagen sie auf ihn ein. Keiner derer, die ihn bearbeiten, kommt aus Kellinghusen, sie sind aus Rendsburg und Lübeck. Nur an der Theke sitzt ein Kellinghusener Skinhead und schaut den anderen zu. – Im »Flair« sind etwa fünfundzwanzig Gäste. Allein der Koch versucht, dem den Skinheads Ausgelieferten zu helfen. K. beschreibt sein Gefühl nachträglich als »wie durch den Mähdrescher gezogen«. Die Täter pressen einen aufgeschlagenen Aschenbecher auf sein Ohr, womit sie sein Gehör zerstören, sie brechen ihm gezielt die Fingerknochen und fügen ihm so schwere innere Verletzungen zu, daß sein Darm platzt. K. kann seitdem nicht mehr als fünf Kilogramm heben und ist als Wirt berufsunfähig. Er muß ein halbes Jahr im Krankenhaus verbringen. – Während einer Bürgerversammlung auf die Gewalttätigkeiten vom Jahreswechsel angesprochen, sagt Bürgermeister Kuß: »Ein nicht gravierenderes Problem als in anderen Städten dieser Größe.« Und: »Das wird nur von den Medien hochgespielt.« – Ein halbes

Jahr nach dem Überfall, aus dem Krankenhaus entlassen, fragt der Gastwirt nach, was aus seiner Anzeige geworden ist. Der Staatsanwalt teilt ihm mit, daß seine Anzeige nicht bearbeitet werde, da kein öffentliches Interesse bestehe. Dem Wirt wird gesagt, er sei gut bedient, wenn nicht gegen ihn ermittelt werde, denn er habe wahrscheinlich Minderjährige geschlagen. Er hätte die Polizei rufen und warten sollen. – In einer Augustnacht werden die Bewohner mehrerer Zelte am Rensinger See von etwa zehn Vermummten zusammengeschlagen. Acht der zehn Opfer, Mitglieder eines Lübecker Schachklubs, müssen ins Krankenhaus gebracht werden. Die Polizei hat Hinweise, daß es sich bei den Tätern nicht um Skinheads gehandelt habe. Einer der Schachspieler habe aus der Vermummung eines Täters einen Haarzopf heraushängen sehen; auf den Zuruf des Opfers, sie seien Schachspieler und keine Skinheads, sei ihm geantwortet worden, man sehe doch Bundeswehrmützen. – Dieser Überfall ist der erste Hinweis darauf, daß sich inzwischen auch andere bewaffnet haben. Der »Antifaschistische Arbeitskreis Kreis Steinburg« nennt seine erste öffentliche Veranstaltung »Gegen den faschistischen Terror in Kellinghusen«. Ein dort verteiltes Flugblatt endet mit dem Satz: »Wir warnen davor, gegenüber FAP-Aktivisten Toleranz zu üben.« – Einen Monat später nennt die CDU ihre Veranstaltung »Radikalismus in Kellinghusen«. Es wird betont, daß die Existenz einer FAP-Ortsgruppe nicht bewiesen sei, es werden Zahlen verlesen, die den Rückgang der Kriminalität belegen sollen. Das Flugblatt des »Antifaschistischen Arbeitskreises« wird als »Provokation« bezeichnet. Ablauf und Inhalt zeigen, daß es sich um eine Gegenveranstaltung handelt. Das Thema wird weiterhin für parteipolitische Blähungen benutzt. Sie sprechen immer noch nicht über das Deutsche. Das Deutsche spricht aus ihnen. – Am Ende des Jahres ist Kellinghusen landesweit so auffällig geworden, daß das Achttausendeinwohnerstädtchen neben Lübeck der einzige Ort ist, der im Verfassungsschutzbericht Schleswig-Holstein 1986 extra erwähnt wird.[6]

Was zwei Jahre vorher in Leserbriefen befürchtet worden war, ist 1987 Realität: Die Jugendlichen, aus geschlossenen Räumen vertrieben, treffen sich unter Kellinghusens freiem Himmel. Zum Beispiel an der Oberstadt und Unterstadt verbindenden Lieth-Treppe, die durch ein Wäldchen führt. Die Skinheads, die dort auf den Bänken sitzen, schicken ihren jüngsten zum Fuß der Treppe, wo er Vorübergehende provozieren soll. Will sich einer der Belästigten wehren, kommen die anderen von den oberen Bänken herunter und schlagen aufs gefundene Opfer ein. Viele Bewohner haben Angst, abends diesen Weg zu gehen. Überfallene haben Angst,

Anzeigen gegen die ihnen meist namentlich Bekannten zu erstatten. – Die am Fuß der Lieth-
Treppe wohnenden Familien fühlen sich bedroht
und können, selbst wenn etwas vorgefallen ist, ihre
Gefährdung nur schwer anmelden. Da es keine Anzeigen gibt, steigt die Zahl der bekanntgewordenen
Straftaten nicht; wenn die Zahlen nicht steigen,
sieht die Polizeidirektion keinen Handlungsbedarf.
– Nicht weil sie Linke sind oder weil sie gegen
Rechte wären, sondern aus Sorge um die Jüngsten
und Ältesten ihrer Familien bewaffnen sich einige
am Lieth wohnende Familienväter, zum Beispiel
mit einer an ein Kabel angelöteten Bleikugel, die im

Jackenärmel ruht und bei einer ruckartigen Bewegung bereits durch die Luft zischt. Abends gehen sie, Walkie-Talkies in den Jackentaschen, mit ihren Hunden Patrouille. Die Männer machen den Skinheads klar, daß sie, wie sie sagen, »eine auf die zwölf« bekämen, wenn sie sich in der Gegend noch sehen ließen. Hin und wieder kommt beides vor. – Einer aus der Skinheadsgruppe legt in einer Nacht vier Brände hintereinander. Wenn die Feuerwehr einen unter Kontrolle zu bekommen versucht, wird sie jeweils über den nächsten Brand informiert. Um eine Einbruchserie in Geschäfte zu beenden, legen sich Männer aus der Selbstverteidigungsgruppe (um nicht zu sagen Bürgerwehr) auf die Lauer, harken Sand und lockern Steine, um Spuren oder Geräusche zu erzeugen. Darauf vorbereitet, scharfe Warnschüsse abzugeben, sehen sie zwei Kinder auf sich zukommen. »Kommt son lütter Wurm um die Ecke, du flippst aus und drückst ab«, sagt einer, der froh ist, nicht abgedrückt zu haben.[7]

Im April 1987 betreten zwei Männer eine Gaststätte mit Pensionsbetrieb in Kellinghusen und fragen den Wirt, ob sie in der umgebauten Scheune ein größeres Treffen des »Patriotenklubs«, wie sie sagen, veranstalten könnten. Per Handschlag willigt der Wirt ein. – Fünf Tage vor der Veranstaltung verrät der Leiter des Polizeireviers dem Wirt, daß in seiner

Scheune ein Treffen der rechtsextremen »Freiheit-
lichen Arbeiter-Partei« (FAP) stattfinden wird. Die
für dasselbe Wochenende bei dem Wirt angemelde-
ten israelischen Sportschützen sind ohne Wissen
des Wirts nach Oelixdorf umgebucht worden. Für
den Mann ein Verlust von tausend Mark. – Er will
die Veranstaltung in seinen Räumen absagen. Am
selben Tag wird ihm jedoch die Konzession für den
Ausschank alkoholischer Getränke in der umgebauten Scheune erteilt. Zur gleichen Zeit, heißt es,
sei dem Wirt mit dem »Abfackeln seiner Bude« gedroht worden, falls er sich nicht an die Verabredung
halte. Kellinghusens Revierleiter: »Es ist besser,
wenn die Leute hier bei Ihnen sind, da haben wir sie
im Griff.« Nun ist der Wirt auch Drohungen Links-
extremer ausgesetzt. Die Israelis werden Kellinghusen, wohin sie wollten, nicht betreten, solange
die FAP dort tagt. – Am 30. Mai 1987 werden die zu
dem Treffen Anreisenden FAP-Mitglieder ab Bad
Bramstedt von Polizeifahrzeugen begleitet. Als die
Wagenkolonne in die Lindenstraße einbiegt, veranlaßt ein Steinwurf die Polizei zum Einschreiten. In
dem Wirrwarr unbehelligt und an allen Demon-
stranten vorbei erreicht den Tagungsort ein blauer
VW-Bus, geschmückt mit einer Friedenstaube und
dem Greenpeace-Regenbogen. In dem VW sitzen
die Parteiführer. Am Abend werden sechzig Ta-
gungsteilnehmer und der polizeiliche Begleitschutz

mit einem Steinhagel verabschiedet. Die Polizei stellt die Personalien von fünf Gegendemonstranten fest.[8]

Nach dem Treffen der FAP nehmen *Verharmloser* und *Übertreiber* ihr idiotisches Meinungsspiel wieder auf, das eher ein Vorurteilsrecycling ist. Jeder will sich vor dem Problem und vor der Gegenseite ins Recht sowie die Gegenseite ins Unrecht setzen. Handlungsimpuls ist nicht, das Problem zu lösen, also erst mal zu benennen – was schon schwierig ist, weil Teil des Problems sofort auch die sind, die mit diesen verfluchten zwei Meinungen aufkreuzen, jener Scheindifferenz, die sie für die Differenz halten. Für jeden etwas und für alle nichts. – Als führende *Verharmloser* melden sich ein Polizeioberrat, der CDU-Ortsverband und die CDU-Fraktion zu Wort. Der Polizeioberrat: »Kellinghusen könnte ein optimaler Nährboden für die Aktivitäten radikaler Kräfte werden, wenn es weiterhin wenigen ideologisch eingeengten, demokratie- und politikunfähigen Leuten gelingt, Beachtung zu erreichen und ihrer Bedeutungslosigkeit durch provozierte Gegendemonstrationen, die wiederum ein erhebliches Polizeiaufgebot erfordern, entgegenzuwirken.« – Die Stellungnahme des Ortsverbandes der CDU: »Unsere Zurückhaltung ist nicht etwa dadurch begründet, daß es Schwierigkeiten bereitet, uns von radikalen Gruppen zu distanzieren. Wir befürchten vielmehr, daß durch eine breite Diskussion radikaler Aktivitäten in Kellinghusen den Extremisten erst das Forum geschaffen wird, das sie sich wünschen und das Kellinghusen gleichzeitig das Image einer ›Extremistenhochburg‹ verschafft.« – Schließlich ein Auszug aus der Stellungnahme der CDU-Fraktion: »Die Ursache dafür, daß sich besonders in Kellinghusen Rechts- und Linksradikale aneinander reiben, ist einmal, daß in Kellinghusen ein Exponent der linksextremen Gruppen wohnt, und zum anderen, daß vor Jahren ein Spinner Kontakte zur rechtsradikalen FAP hatte und diese auf Kellinghusen aufmerksam machte... Daß beide Randgruppen in Kellinghusen wie woanders aktiv sind, zeigen ihre Sprachparolen wie ›Nazis raus, Asylanten raus, raus aus der Nato, Ausländer raus‹ usw.« – Allen drei Äußerungen der *Verharmloser* ist gemein, daß sie sich nicht auf den inzwischen verfassungsschutzamtlich bestätigten Rechtsextremismus in Kellinghusen beziehen, sondern ein Bild von zwei sich aneinander reibenden extremen Gruppen malen. Die *Verharmloser* sagen: Wenn nicht gegen die FAP demonstriert werden würde, müßte keine Polizei anrücken. Durch eine breite Diskussion könne eine Extremistenhochburg entstehen. Hauptverantwortlich für die Lage sei ein im Ort wohnender Linker. Gemessen an der Fälschungsbereitschaft, die aus diesen Äußerungen spricht, ist der Ausdruck *Verharmloser* beinahe selber verharmlosend. – Die große Koalition der Verleugnung oder der Umbenennung des Problems in eines, das einem in den Kram paßt, wird vervollständigt durch die *Übertreiber*. Zum einen sind das die Grünen, die, like »The Voice Of Auschwitz«, suggerieren, im Namen der Opfer des Faschismus sprechen zu dürfen. Die Polizei, wird behauptet, sei beauftragt gewesen, »Ausschreitungen dieser Schützlinge gegen Juden zu verhindern, indem das Opfer ausquartiert wird und den Tätern freies Feld geschaffen wird«. Zum anderen stellen Kieler und Lübecker sogenannte Antifaschisten ein Flugblatt her, das allein durch Übertreibungen zu seiner Sprache findet. Nachdem die Betreffenden abwechselnd als *Nazis, Faschisten, Rassisten, Volksverhetzer, Banden,* schließlich *faschistische Banden* bezeichnet werden, denen *bedrohte AntifaschistInnen* gegenüberstehen, heißt es, daß für einen *kämpferischen Antifaschismus,* der den *Rechten keinen Fußbreit läßt, Protest und militante Aktionen legitime Methoden* sind. – Die *Verharmloser* mit ihren falschen guten Gründen, über die rechtsextreme Erneuerung zu schweigen, sind eine Variante des Darüber-spricht-man-Nicht der »Überleber-Generation« (K. H. Bohrer). Die *Übertreiber* halten sich zugute, aus Geschichte und dem Schweigen jener Generation gelernt zu haben. Ein Darüber-spricht-man-Nicht macht sie gerade scharf. So sprechen sie oft übertrieben, nennen den faschistisch, der nur dabei ist, Tabuzonen zu entdecken (und auf eine stößt). Die *Verharmloser* meinen, man könne die Gefahr herbeireden. Die *Übertreiber* sagen, man könne die Gefahr herbeischweigen.

Wo Meinung ist, ist Gegenmeinung, eine Demonstration ist der Anstoß für eine Gegendemonstration. Ordnungsgemäß reden die einen von »faschistischem Terror«, die anderen legen sinkende Zahlen vor. Man kann sich an die Simulation von Meinungsbildung gut gewöhnen, solange dieses Schema nicht verrät, daß es so zuverlässig funktioniert, weil man mit ihm bei aller rechthaberischen Redseligkeit von etwas anderem schweigen kann. Wo es um Skinheads geht oder um nationalistisches Denken heute und man sich nur seine fertigen Weltbilder an die Köpfe wirft, kann der Eindruck nicht ausbleiben, daß alle zusammen sich darum drücken oder nicht in der Lage sind, *das Problem* zu nennen, das sie nicht trennt, sondern verbindet. Die Hauptsache. Deutsch.

Weiter arbeiten die Beteiligten an dem Drehbuch, das keiner kennt, das jedoch hierzulande verinnerlicht ist.[9] – 1987 bekommen die Skinheads erstmals

Widerstand zu spüren, der sie beeindruckt. Er geht von sogenannten Antifaschisten aus. Nach einem öffentlichen Informationsabend, bei dem unter Beifall ein Video abgespielt wird, das einen Überfall auf Skinheads zeigt, trennt sich der »Antifaschistische Arbeitskreis Kreis Steinburg« mit der Devise: »Wir müssen die Skinheads schlagen, wo wir sie treffen.« – Als gegen den Chefskinhead vor dem Amtsgericht Itzehoe wegen Treibladungspulverbesitzes verhandelt wird, halten sie alle Zuschauerbänke besetzt. Der Mann wird unter Polizeischutz nach Hause gefahren. Innerhalb einer Nacht werden der PKW eines »Republikaners« in Brand gesetzt sowie die Wohnung des Kellinghusener Chefskinheads mit Buttersäure vorerst unbewohnbar gemacht. In dem Bekennerschreiben heißt es, daß der Kreis Steinburg sich zu einer »faschistischen Hochburg« entwickle. Die Aktionen der Kellinghusener Skinheads werden von nun an seltener, der Chef der FAP-Ortsgruppe verläßt die Stadt. Der sogenannte Linke vom Ort hat die Stadt verlassen, weil er an den Häuserwänden lesen konnte, was sie mit ihm vorhaben (selbst seine damaligen Freunde wissen nicht, wo er sich aufhält). Der kroatische Wirt packt die Koffer und zieht in die Heimat. Schließlich sitzt der letzte Skinhead aus der Kerngruppe wegen einer Messerstecherei im Gefängnis. Die erste Generation ist nicht mehr dabei.

Im Februar 1988 werden an der Kellinghusener Realschule Flugblätter der FAP verteilt. Auch die Schule schlägt sich auf die Seite der *Verharmloser*. Dort ist beschlossen worden, über die Verteilung nicht öffentlich zu reden. Der Fall wird nur bekannt, weil eine anonym bleibende Lehrkraft einen Brief an die Lokalzeitung schreibt und das Flugblatt mitschickt.[10] – Anfang 1988 machen im Kellinghusener Milieu nachgewachsene Härteepigonen, die Skinheads werden wollen, Schlagzeilen. Sie haben gelernt, daß ihnen ein Spielfeld gestattet ist, auf dem sie andere verfolgen können, ohne selbst verfolgt zu werden. Ihre Taten werden immer dreister. Werners Lieblingsplatz ist eine Bank am Lieth. Von dort aus verfolgt er einzelne Männer, überfällt sie und tritt auf die am Boden Liegenden ein. Eines Nachts haut er einem Mann eine Bierflasche auf den Kopf, schlägt mit den Fäusten nach, tritt mit den Stiefeln zu und nimmt dem wehrlos Gemachten die Brieftasche ab. Diese Aktion, die als Raubüberfall ausgelegt werden kann, ist hart am Rand des Spielfelds, in dem Skinheads sich austoben dürfen, ohne Verfolgung fürchten zu müssen. Keiner merkts, weil nichts passiert. Im März legen Werner und Björn einen Brand. Auch diese Tat überschreitet den Rahmen des geduldeten Terrors. Kurz darauf töten Wulf, Werner, Olaf und Björn Marga T. – Als die Tat bekannt wird, verteilt der »Antifaschistische

Arbeitskreis Kreis Steinburg« ein Flugblatt, in dem der Totschlag »bisheriger Höhepunkt des Naziterrors in Kellinghusen« genannt wird. Rückenwind für *Übertreiber*. Die Täter werden als »stadtbekannte Neonazis« bezeichnet. »Gegen Faschismus und imperialistische Verelendungspolitik kann nur Selbstorganisation ein wirksames Mittel sein, denn vom Staat ist keine Hilfe zu erwarten.«[11]

Nachdem die Polizei jahrelang mit sinkenden Zahlen bekanntgewordener Straftaten glänzte, bietet sie 1989 erstmals ein realistisches Bild. Die Skinhead-Szene in Kellinghusen schätzt sie auf fünfzig Personen, wovon zwanzig zum harten Kern gezählt würden. – Allerdings bietet der Inspektionsleiter der Itzehoer Polizei bei einem »Dämmerschoppen« in der Liliencron-Kaserne eine neue Variante des *Verharmlosens* an. In bezug auf die Skinheadszene sagt er: »Einige hatten die gesellschaftlichen Feindbilder der Bundesrepublik so verstanden, daß sie glaubten, gleichzeitig für Mao, Hitler und Che Guevara schwärmen zu müssen... In dieses unausgegorene Durcheinander wird in jüngster Zeit dadurch eine klarere politische Linie hineingebracht, daß von unterschiedlicher Seite auf die Gefahr rechtsextremistischen Gedankenguts hingewiesen wird und dieser Aspekt nun eine gerade nicht gewollte reizvolle Bedeutung erlangt.« – Am 20. April werden vor dem »High Chapparal« stehende Skinheads von Punks aus Itzehoe mit Axtstielen, Fahrradketten und abgeschnittenen Billardstöcken überfallen. Am selben Abend halten sich etwa dreißig »Autonome« aus Kiel in dem Städtchen auf, ziehen jedoch, wohl aufgrund des zu diesem Datum verstärkten Polizeiaufgebots, wieder ab. – Zwei Tage danach treffen sich 65 Skinheads aus verschiedenen Städten in Kellinghusen und feiern am Rensinger See. Spätabends löst die Polizei die Veranstaltung wegen Lärms auf. Dreißig Skins ziehen singend durch die Hauptstraße und werden »zur weiteren Gefahrenabwehr« festgenommen und nach Itzehoe gebracht. (»Das kommt denen teurer als eine Nacht in einem Luxushotel«, sagt der Revierleiter.) – Die Ortsgruppe der FAP scheint aufgelöst zu sein. Straßenkriminalität in Kellinghusen ist von Jahr zu Jahr das Thema von Bürgerversammlungen. Typisch für die letzten Jahre sind Taten wie solche: Ein 18jähriger Skinhead und sein 16jähriger Freund treffen am Rensinger See auf einen 12jährigen, der angelt. Der 16jährige droht mit einer Schreckschußpistole und will Geld haben. Der Angler hat vier Pfennige. Dann nimmt der 18jährige Skin die Waffe und fordert den 12jährigen auf, Bier zu trinken. Nachdem der sich mehrmals weigert, schießt der Skin dem jungen Angler aus unmittelbarer Nähe ins Gesicht und verletzt ihn im Nasenbereich.[12]

Möglicherweise beginnt 1990 ein neues Kapitel in Kellinghusen. Durch eine Kampfabstimmung gegen die CDU hat die SPD durchgesetzt, daß das Haus der Jugend mit zwei Planstellen Anfang 1991 wieder geöffnet wird. Seitdem gehen auch Skins dort ein und aus; jene, die den Anschluß nicht verlieren wollen. – Mit den Juso-Vorsitzenden, auf deren Initiative dies zurückzuführen ist, ist schwer über Skinheads zu reden. Sie mögen dieses Wort schon nicht. Sie wollen nicht die Konfrontation zwischen »Rechts« und »Links«, wie einer ihrer Vorgänger (der berühmte »Linke vom Ort«). Sie wollen die Kette einschnappender Reflexe unterbrechen, indem sie sich weigern zu denunzieren und auszugrenzen – ihre Veranstaltung 1991 hat folgerichtig allgemein »Jugendkriminalität« zum Thema. Im Publikum werden einige ungeduldig, weil nicht über Skinheads und die Schwierigkeit, nachts durch Kellinghusen zu gehen, geredet wird. Die heutigen Jusos wollen nicht mehr die Seite der *Übertreiber* verstärken und laufen Gefahr, die politische Komponente wegzureden. Allerdings haben sie, nach der Vergangenheit ihrer Vorgänger, keine andere Wahl. Immerhin sind sie die ersten im Ort, die von *protestierenden Jugendlichen* sprechen.

So ist die Spielhandlung in Kellinghusen, ähnlich ist sie anderswo abgelaufen. Die Akzeptanz prügeln-

der Jungs verharmlost deren Gewalttaten. Ein politischer Kontext wird geleugnet. Erst wenn sich andere gewaltbereite Gruppen entgegenstellen und
die Strategie des *Verharmlosens* nicht mehr möglich
ist, wird ein »Ausmaß an Gewalt« zur Kenntnis genommen. – Die *Untertreiber* sagen, rechtsextreme
Erscheinungen sollten nicht hochgespielt werden,
Öffentlichkeit sei »Nährboden« rechtsextremen
Denkens. So kommen die *Untertreiber* bei den
Übertreibern in den Verdacht, nichts gegen Rechtsextremismus unternehmen zu wollen. Die *Übertreiber* wiederum werden verdächtigt, mit ihrer
Konzentration auf rechtsextremistische Erscheinungen diese erst interessant und nachahmenswert
zu machen. Beide Seiten sehen ein Recht, ohne Suche nach Konsens ihr Denken als Wahrheit zuzu-
muten. Beide beweisen die Unfähigkeit, hierzulande auf nationalistische Erscheinungen nicht in
projizierender Weise zu reagieren.[13]

Eine Pause jetzt für die nicht bekanntgewordenen
Taten, für die schweigenden Opfer, die schweigenden Zeugen, den unterlassenen Hinweis, den unge-
schriebenen Satz.

Bin für ein paar Tage hier im Dorf geblieben, von
wo ich sonst immer nur aufbreche, wo ich sonst immer nur nachts einkehre.

Über Bauer B. erzählte man sich früher, er habe seiner Mutter mit kochendem Wasser den Rücken ver-
brüht und seinen kranken Vater auf den Misthaufen
gehievt und zu verbrennen versucht. Wenn das Ve-
terinäramt ihn besuchte, fand es immer mehr Tiere,
als der Bauer halten durfte. Vor paar Tagen, so die
neueste Geschichte, wurde der Bauer wieder vom
Amt besucht. Es wurden dreihundert Tiere, dreizehn verendete, die anderen krank und abgemagert
in dreißig Zentimeter hohem Kot watend, entdeckt.
Am Sonntag wird das Vieh versteigert.

»Eine Schande für die Landwirtschaft!«, sagt der
Mann, den ich frage, wo die Versteigerung stattfin-
det und wo der Bauer jetzt ist. »Der ist schon wieder draußen«, sagt er mit einer wegwerfenden
Handbewegung. Er guckt mich von oben bis unten
und zurück an. Weiße Hose und dünne Schuhe
haben mich längst als Städter verraten. »Ich sage
nichts«, sagt er. »Sind Sie vom Amt?« – »Nein.«
»Trotzdem: ich sage nichts dazu!« – Über zweihundert Kühe werden versteigert, das Stück zwischen
tausend und zweitausend Mark. Die Traube der an
der Versteigerung Interessierten ist kleiner als die

Traube derer, die hierhergekommen sind, um die
Schande in Augenschein zu nehmen und sich beim
Morgenbier der eigenen Normalität zu versichern.
An den Fenstern der in den Zeitungen bereits als
heruntergekommen vorbeschriebenen Wohnräume
sowie des Stalls, wo man auf Kotberge schauen
kann, stehen Bürger und Bauern Schlange, um einen authentischen Blick in die Verwahrlosung zu
werfen. Dann schütteln sie die Köpfe und freuen
sich über ihr gelungenes Leben.

Die Mitbewohner in dem Haus werfen nicht mehr
mit Messern. Im Gegenteil. Die drei Männer, die

hier wohnen, haben einen Termin in der »Moschee«, wie die Bewohner zum Atomkraftwerk Brokdorf sagen. Das Empfangsmanagement ist auf Besuche eingestellt, und eine kontrollierte Besichtigung wird uns erlaubt. Allerdings wird darauf bestanden, eine *Führung* durch die technische Anlage erst nach einer zweistündigen *Einführung* ins Prinzip eines solchen Kraftwerks zuzulassen. Also sitzen wir im PR-Pavillon und lassen eine Nachhilfe über uns ergehen, deren unverzichtbarer Bestandteil zu sein scheint, daß wir, die Besucher, Fragen stellen. Diese Behandlung erweist sich als halbwegs erfolgreich, denn sie erkennen, mit wem sie es zu tun haben. Jener von uns dreien, der sich vom ersten Moment an als *kritisch* darzustellen genötigt sah, will nun, fragend, provozieren und gebraucht das Wort *Hochsicherheitstrakt* für den *Sicherheitsbereich* des Werks. Artig erregt sich der Öffentlichkeitsarbeiter und deutet die zu vermeidende Alternative, uns nicht durchs Werk zu führen, an. Unser Kritiknotoriker wird daraufhin ganz klein; was er von nun an noch von sich gibt, sind Staunensbekundungen über die Dimension des Technischen, auf die wir in dem Schnellkurs aufmerksam gemacht werden. Nach der Theorietortur werden wir abgeholt und durchs Werk geführt. Alles *fährt* oder *wird gefahren*. Sie *fahren* Schichten, sie *fahren* 1400 Megawatt, Dampf wird auf einer bestimmten Temperatur *gefahren*, und unser AKW-Kritiker liefert den Höhepunkt seiner Abstoßungs/Anpassungs-Leistungen, indem er, unseren *Führer* wiederholenwollend, sagt: »Hier *fährt* die Elbe also ein Grad wärmer.« – Als wir nach weiteren zwei Stunden ans Tageslicht kommen und angesichts der Dimension der Geräte, die wir gesehen haben, jeder Widerspruchsgeist, der nur aus Vorsatz einer war, verdampft ist (dies übrigens ist ein Grund, warum »linke« Lehrer sich gegen den Willen ihrer Schüler oft weigern, Atomkraftwerke zu besichtigen), gehen wir an einem LKW vorbei, dessen Motor läuft und dessen Fahrer schläft. Unser *Führer* schwirrt draußen an der Luft in eine andere Sphäre ab, zeigt zum Himmel, redet vom All, von den Planeten und schwärmt, daß *alles* strahlen würde. Zum ersten Mal verstehe ich den Dritten von uns, der diese Leute erklärungslos nur noch für *Wahnsinnige* hält. – Nach der *Führung* schauen sie uns freundlicher an, wir sie möglicherweise auch, und zu fast jedem Plutoniumwitz bereit zeigt sich unser vormittags noch so schroffer Kritiker.

1 »Die Zeit«, 28. 10. 83.

2 Giovanni di Lorenzo, »Wer, bitte, ist Michael Kühnen«, in: W. Benz, »Rechtsextremismus in der Bundesrepublik«, Frankfurt/M. 1989, S. 237.

3 Zitiert nach Meyer/Rabe, »Unsere Stunde, die wird kommen – Rechtsextremismus unter Jugendlichen«, Bornheim-Merten 1979, S. 71.

4 Ein Nachruf auf H. R.s Vater (der bei mir den Wunsch nach einem Nachruf auf solche Nachrufe entstehen läßt): »1931 wurde die Ehe in der Kellinghusener Kirche geschlossen, und in den folgenden Jahren wurden dem jungen Paar in Kiel, wo Dr. R. seine erste Anstellung an der Landwirtschaftskammer bekam, drei Kinder, A., M. und H., geboren. 1938 nahm Dr. R. die Möglichkeit wahr, in Hamburg-Bergedorf Lehrer an der Landwirtschaftsschule zu werden. Der Krieg führte ihn 1940 als Kriegsverwaltungsrat im Majorsrang nach Rußland. Bei Kriegsende entzog er sich erfolgreich der russischen Gefangenschaft, geriet jedoch in amerikanische. Bei seiner Rückkehr 1947 fand er seine Frau und Kinder in Vorbrügge wieder, wohin sie vor Bomben und Hunger geflohen waren. Nach drei Jahren Entnazifizierung bekam er wieder Anstellung an der Landwirtschaftsschule in Itzehoe, der er 22 Jahre lang als Lehrer diente. 1950 wurde ... das Haus errichtet. 1954 wanderte die Tochter A. und 1959 auch M. nach Kanada aus ... Sein Tod war schmerzlos und beendete ein vollkommenes Leben.« (»Norddeutsche Rundschau«, 8. 9. 84)

5 Das Haus der Jugend wird noch einmal geöffnet, doch nur wie zum Schein. Nach dem ersten Konflikt werden die Schlösser ausgewechselt und die eigenen Erzieher ausgesperrt. – Die mehrmalige Schließung ist nicht mehr sachlich, sondern nur noch innerhalb des Racheschemas von »rechts« und »links« begründet. Beide Seiten geben vor, sich um die Kellinghusener Jugend zu sorgen, doch haben sie sich nur auf einen weiteren Schauplatz für ihren Ewigkeitszwist geeinigt: das Haus der Jugend. – Daß der Vorsitzende der SPD Kellinghusen eine Anfrage über Jugendkriminalität an den CDU-Innenminister in einem offenen Brief in der Presse veröffentlicht und daß der Innenminister abweisend auf gleichem Wege antwortet, zeigt auf andere Weise, wie der stellvertretende Schauplatz mit Leben gefüllt wird. – Aus der Anfrage: »Die steigende Kriminalität in unserer Stadt veranlaßt uns, unsere Sorge über den mangelnden Schutz der Bürger zum Ausdruck zu bringen. Seit einiger Zeit verzeichnen wir in Kellinghusen vermehrt nächtliche Einbrüche, Sachbeschädigungen, Diebstähle, Feuerlegungen, Grabschändungen, Vergewaltigung und Schlägereien in einem großen Umfang.« – Aus der Antwort: »Die Gesamtkriminalität in Kellinghusen ist von 1983 auf 1984 stark (12 Prozent) und weit über dem Landesdurchschnitt (minus 3,5 Prozent), beziehungsweise dem Durchschnitt des Kreises Steinburg (minus 4,4 Prozent) rückläufig gewesen. Auch die bislang für das Jahr 1985 vorliegenden Zahlen geben keinen Anlaß zur Besorgnis.« (»Norddeutsche Rundschau«, 19.4.85 und 11.7.85)

6 Im November diskutieren einhundertfünfzig Bürger des Ortes das Problem des Bandenterrors mit politischem Hintergrund. Die Skinheads, die zu der Veranstaltung gekommen sind, verlassen sie, nachdem ein Mann sich als Vater eines Jungen zu erkennen gegeben hat, der Mitglied der FAP in Kellinghusen ist: »Lügt hier nicht rum! Es gibt Treffen der FAP. Kameradschaftsabende nennt ihr das, wo ihr Adolf-Hitler-Kassetten hört.« Am Ende wird ein Gespräch zwischen den Jungrechten und den Altlinken verabredet, wozu der ehemalige Leiter des Hauses der Jugend, ehemalige Juso-Vorsitzende und jetzige Sprecher des »Antifaschistischen Arbeitskreises« erklärt: »Sie glauben doch nicht, daß ich mich mit Leuten an einen Tisch setze, die mich am Wochenende zusammenschlagen wollten.«

Unwidersprochen bleibt dieser Absatz eines Kommentars der »Norddeutschen Rundschau«: »Während eines Privatgesprächs steckte ein Staatsanwalt einem in Kellinghusen angesehenen Kaufmann: ›Wir wissen, daß in Kellinghusen neonazistische Tendenzen auffällig sind. Nur bekommen wir von der örtlichen Polizei keine Informationen.‹«

An der Ostküste Schleswig-Holsteins, in Kiel, spreche ich von Kellinghusen und höre ein Stöhnen: »Die Westküstler wieder!« Sie gelten als dumpf. – »Die sind alles andere als normal«, sagt K., der Wirt, der den Ort einmal mochte. Anfang der achtziger Jahre ist ihm von den Jungskins prophezeit worden, daß er nicht lange in der Stadt leben werde. Nun folgt er seiner Frau und seiner Tochter, die bereits in Kroatien leben. Die letzten zehn Jahre Kellinghusen haben ihm den Rest gegeben.

Hier ist er schwerbeschädigt worden. Bis zuletzt hat die Tochter keinen Schulweg allein gehen können. Noch in seinen letzten Tagen hier bekommt er nächtliche Drohanrufe. Tatsächlich ist seine Familie aus der Stadt gehetzt worden. Würde man später nachfragen, könnte niemand außer ihnen selbst das bestätigen. Nicht Name und Adresse, nicht Anklage und Verfahren haben sie vertrieben, sondern Ressentiment und seine Duldung.

7 Habe Geschichten gehört, in denen Bürger kritisiert werden, die sich Skinheads entgegengestellt haben. Viele kennen die Geschichte von dem Eigentümer einer Hütte, der die Polizei rief, als Skins darin randalierten, und der der Polizei dann sagte, er selbst hätte den Jungs den Schlüssel gegeben. Zur Zeitung sagt der Revierleiter, so dürfe ein Bürger nicht handeln (ohne einen Gedanken daran zu verschwenden, was zur Meinungsänderung geführt haben könnte).

Eine andere Geschichte handelt von einem Mann, der täglich seinen Hund ausführt, die Straße rauf, die Straße runter. Eines Tages steht eine Gruppe Skins auf dem für den Rückweg vorgesehenen Bürgersteig. Der Mann will sich nicht zu einer Umleitung zwingen lassen, greift sich zur Unterstreichung seiner Absicht zwei Äste, und geht auf das Grüppchen zu. Die Jungs rempeln, schubsen ihn, als er am Boden liegt, treten sie. – Ausweichen oder sich bewaffnen, verharmlosen oder übertreiben ... – Als Pointe setzt der, der mir das erzählt, die Bemerkung, die Äste seien so morsch gewesen, daß sie zerbrachen, als der Mann damit traf.

Sitze mit Kellinghusener Männern zusammen. Später

kommt einer von der Bürgerverteidigung am Lieth hinzu. Der Begriff Bürgerwehr kommt in allem, was über Kellinghusen gesagt und geschrieben wurde, nicht vor, und doch hat es sie gegeben. Da sie erfolgreich war, existierte sie nur zweimal für wenige Wochen. Danach brauchte man nicht zu sagen, daß es sie gegeben hat. Die Männer erzählen sich Erlebnisse mit Skinheads nach. Sie tun das so szenisch wie möglich, sie steigern sich, und von Anekdote zu Anekdote verlieren die Skinheads in den nacherzählten Dialogen die Sprache. Machen sie die Stimmen der Skins anfangs in tiefen Tönen nach, so grunzen sie, als man schon dauerhaft lacht, nur noch wie ... Tiere? (»uuuaaahhuuuaaahhuuuaaa«), wenn sie sagen, was Skinheads gesagt hätten.

8 Bei den vorübergehend Festgenommenen hat die Polizei folgende Gegenstände beschlagnahmt: eine Fahrradkette und ein Totschläger bei »FAP-Anhängern«. Zwei Gasrevolver, zwei Messer und ein Stachelarmband bei »Steinwerfern«. (Als wären »Stachelarmbänder« eine nahezu so wirksame Waffe wie Stiefel ...)

Mitte Juni ist das FAP-Treffen Thema einer Bürgerversammlung. Bürgermeister Kuß und der stellvertretende Bürgervorsteher Haugk geben an, von der Veranstaltung wenige Tage vorher erfahren, jedoch gleichzeitig gewußt zu haben, daß lange offen gewesen sei, ob sie überhaupt in Kellinghusen stattfinden würde. Der Bürgermeister behauptet, »Reibungspunkte zwischen rechten und linken Gruppen« hätten die Kellinghusener Situation entstehen lassen. Auf die Frage, wer außer der FAP in Kellinghusen noch als extremistische

Gruppe zu bezeichnen sei, antwortet der Bürgermeister nicht. Haugk übernimmt und sagt, die Feststellung, es gebe eine Ortsgruppe der FAP in Kellinghusen, sei (knapp zwei Jahre nach ihrer Gründung) »nicht gesichert bekannt«.

Auch der DGB lädt zu einer Diskussion über das Landestreffen der FAP. Der damalige Einsatzleiter beschreibt die Lage aus seiner dienstlichen Sicht. Bezeichnend für seine nur taktische Auskunftbereitschaft ist, daß er sich auf den Verfassungsschutzbericht Schleswig-Holstein 1986 bezieht, um über die Situation zu informieren. Auf diese Art schweigt er zu den Ereignissen der vergangenen zehn Monate. Diesem Bericht nach hatte die FAP 1986 keine direkten Auseinandersetzungen mit politischen Gegnern, diesem Bericht zufolge hatte die FAP in Schleswig-Holstein keine Landesführung. Zudem wird die verfälschende Erbsenzählerei betrieben, das rechtsextreme Spektrum nach Parteimitgliedschaften auszurechnen.

9 Während des Kellinghusener Jahrmarkts schlagen zwei Skinheads, inmitten des Trubels und ohne dabei gestört zu werden, einen, wie es heißt, vierzigjährigen Familienvater zusammen. Ungewöhnlich kraß die »Norddeutsche Rundschau«: »Der Mann bekam als ›letzten Heldengruß‹ noch einen skrupellosen Tritt ins Gesicht.« Einige Leserbriefe beziehen sich auf den Vorfall. Der Junge-Union-Vorsitzende: »Das war doch alles halb so schlimm.« Zudem sei der Vorfall von der Presse aufgebauscht worden. – Prompt meldet sich der Polizeioberrat wieder mit sinkenden Zahlen, was die »bekannt-

gewordenen Straftaten« betrifft – in jenen Monaten, als sich die Bürger vom Lieth wieder zusammensetzen und das Patrouillegehen wieder einführen – in jenen Monaten, als jedem klarwerden mußte, daß auch Linksextreme inzwischen die Militanz der Diskussion vorziehen.

10 »In der Kellinghusener Realschule konnten zwei Lehrerinnen gerade noch rechtzeitig verhindern, daß vier Schüler Flugzettel mit einem Wahlaufruf für die FAP und einem Glaubensbekenntnis an Adolf Hitler verteilten ... Auf Anfrage bestätigte der Realschuldirektor diesen Vorgang.« (»Norddeutsche Rundschau«, 12. 3. 88) – Am 7. März hat die Zeitung einen Brief erhalten, in dem eine Lehrkraft der Schule, die anonym bleiben will, diesen Vorgang mitteilt. Was nicht in der Zeitung steht: Der als versuchte Flugblattverteilung beschriebene Vorgang einschließlich der schuldisziplinarischen Folgen war bereits im Februar geschehen. Er lag mehrere Wochen zurück. Hätte die Lehrkraft den anonymen Brief an die Zeitung nicht geschrieben, wäre, wie gewöhnlich, geschwiegen worden, der Vorgang unbekannt geblieben.

Ein Kellinghusener Lehrer: »Das Verursacherprinzip gilt an der Schule überhaupt nicht. Die können Türen eintreten, umreißen, was sich umreißen läßt. Und was passiert? Es wird nicht nachgefaßt, so daß einer mal für seine Taten zur Rechenschaft gezogen wird. Da gilt für die Lehrer nur das Ohrenanlegen, das Notieren, Vervielfältigen, Abheften – damit der Weg nach Kiel für die, die dorthin wollen, immer sauber bleibt. Will ich nun den Schüler daran hindern, was anzustellen, dann sagt der mir, das ist Körperverletzung, und ich stehe als Blödmann da. Die Schüler lernen also in der Schule, daß sie alles machen können, es wird unter Aufsicht der Lehrer geradezu eintrainiert; dann kommen sie raus, machen so weiter und landen im Gefängnis.«

Hackordnungsmittel der Schüler ist das Treten. Üblich ist, jemanden umzustoßen, ihn mit den Schuhen zu treten und zu verlangen, daß er sich wehren soll. Tut er es nicht, wird weitergetreten. Ein Lehrer versucht, die Stiefel, die die Skinheads, aber nun auch andere, tragen, an der Schule zu verbieten. Er scheitert am Widerstand der Eltern.

11 Im Juni feiern Kellinghusener Skinheads am Rensinger See einen Geburtstag. In der Nähe spielen andere Jugendliche Frisbie und werden eingeladen, mitzufeiern. Jedoch schlagen die Skins sofort auf ihre Gäste ein. Einer der Eingeladenen wird durch einen Messerstich in den Oberschenkel derart verletzt, daß er die Hälfte seines Blutes verliert und nur gerettet werden kann, weil er rechtzeitig in die Intensivstation kommt. Der Täter zählt zum Kern der Skinszene und stammt aus dem Kreis um den schizophrenen H. R. Zweieinhalb Jahre für die Messerstiche.

Ende des Jahres schreibt eine achtundsiebzigjährige Bewohnerin Kellinghusens wiederum einen Brief an zuständige Politiker, um ihre Angst zum Ausdruck zu bringen. Die andere Partei hat die Landesregierung übernommen, und die Frau schreibt an den neuen Innenminister. »Unerträglich ist es, daß der psychische Terror derart zugenommen hat, daß sich eine trügerische Ruhe in der Stadt ausgebreitet hat, kein Leserbrief, keine öffentliche Diskussion, der Bürger schweigt und sieht bei Ausschreitungen beiseite. Ich selbst lebe in einem großen Haus mit Garten und Stallungen, halte in der Öffentlichkeit den Mund, um nicht einen Racheakt zu provozieren. 1987 Brandstiftung im Stall, zweimal Grabschändung auf unseren Familiengrabstätten.« – Die Antwort des Ministeriums ist von praller Unkenntnis gezeichnet. »Mir wurde berichtet, daß die Polizei alle die von Ihnen angesprochenen Straftaten aufgeklärt hat. Die Strafverfahren haben zu mehrjährigen Freiheitsstrafen geführt; der Kern der zu Gewalttaten bereiten Gruppe von Jugendlichen und Heranwachsenden verbüßt z. Z. diese Strafen.« – Dies ist die einzige mir bekannte Äußerung über Wulf, Werner, Olaf und Björn, die den vieren bescheinigt, daß sie zum »Kern« der Kellinghusener Skinheads zählen. Der Versuch schließlich, auf die Sorgen der Frau einzugehen, hat den Beiklang einer Drohung: »Die Polizei ist auf Hinweise aus der Bevölkerung angewiesen. Sie sollten dies bedenken, wenn Sie künftig von Straftaten und Straftätern erfahren und der Polizei Hinweise geben können. Da Sie auch zum Ausdruck bringen, daß Sie hierzu bisher aus Furcht vor einem Racheakt nicht bereit waren, und andeuten, daß andere Bewohner von Kellinghusen dieselbe Angst haben, sollten Sie wissen, daß die Polizei berechtigt ist, Ihnen unter bestimmten Voraussetzungen Vertraulichkeit zuzusichern.«

12 Im ersten Jahr der Regierungsübernahme reicht die SPD-Fraktion im Landtag eine große Anfrage zum

Thema Rechtsradikalismus in dem Land ein. Im folgenden wird aus der Antwort der Landesregierung zitiert. – »Besondere Beklemmung lösten Ereignisse am 20. April 1989 – Hitlers Geburtstag – aus: Viele – insbesondere ausländische – Kinder blieben aus Furcht vor Übergriffen durch gewalttätige Neonazis der Schule fern ... Bestimmte Einrichtungen – insbesondere für Ausländer und jüdische Gedenkstätten – wurden vorsorglich durch die Polizei geschützt. Obschon es zu den befürchteten Übergriffen durch Neonazis nicht gekommen ist – in Schleswig-Holstein fand nur in der Nähe Kellinghusens eine überwachte, dann aber doch in Gewalttätigkeiten ausartende ›Geburtstagsfeier‹ statt –, zeigte das Verhalten am 20. April jedoch, daß insbesondere unter ausländischen Mitbürgerinnen und Mitbürgern schon wieder eine tiefsitzende Furcht vor nazistischen Übergriffen vorhanden ist.«

Ursachen für die Häufung solcher Ereignisse in diesem Bundesland sieht die Landesregierung in der jüngeren Vergangenheit. Es wird aus einem Lagebericht des britischen Geheimdienstes vom Juni 1947 zitiert: »Es gibt Anzeichen dafür, daß in einigen Teilen der Verwaltung wie der Landesbauernschaft, dem Straßenverkehrsamt und dem Erziehungsministerium Nazi-Cliquen zusammengehalten und dafür gesorgt haben, daß erklärte Anti-Nazis von einer Anstellung ausgeschlossen wurden ... Während handfeste Beweise für die Nichteinstellung von Anti-Nazis schwer zu erbringen sind, ist eine Vielzahl von Fakten ans Licht gekommen, die die Entlassung von Angestellten belegen, die ausgesprochene Anti-Nazis oder anglophil sind.« – Der erste

Ministerpräsident Schleswig-Holsteins, Bartram, war vor 1945 Wehrwirtschaftsführer. Bis auf den Innenminister gehörten alle Kabinettsmitglieder früheren NS-Formationen an. Die Politik des Kabinetts bezeichnete der kurzzeitige Innenminister als eine der »Renazifizierung«. Der »New York Herald Tribune« erklärt Bartram, daß die Zugehörigkeit zur NSDAP ein Ausdruck der Vaterlandsliebe und die Angehörigen der NSDAP »patriotische Elemente« gewesen seien. Es sei ein Vorteil, von ehemaligen Nationalsozialisten regiert zu werden, da sie niemals den Kontakt mit den praktischen Gegebenheiten verloren hätten. – Die nächsten Ministerpräsidenten Schleswig-Holsteins heißen Lübke und von Hassel. Gesetzlich vorgesehen war, daß zwanzig Prozent der Stellen im öffentlichen Dienst mit aus der NS-Zeit Tätigen besetzt werden sollten. 1956 sagt Kai Uwe von Hassel vor dem Landtag: »Wir haben fünfzig Prozent hereingenommen, also wesentlich mehr als unser Soll.« – Diese Einstellungspolitik wird 1989 von der SPD-Landesregierung kritisiert: »Die gesetzlichen Bestimmungen des Artikel 131 GG wurden in Schleswig-Holstein sehr weit ausgelegt. So konnten selbst ehemalige Gestapo-Mitarbeiter in den Landesdienst gelangen, und von alliierten und deutschen Gerichten abgeurteilte NS-Verbrecher erhielten in Schleswig-Holstein in mehreren Fällen anstandslos hohe Pensionen. Eine Politik der ›Renazifizierung‹ wurde bis in die sechziger Jahre fortgesetzt. Offenbar konnten überproportional viele Repräsentanten des NS-Regimes im Lande eine zweite Karriere beginnen, das galt für ehemalige Sonderrichter, Euthanasie-Ärzte und SS-Angehörige. Um 1960 waren bei den Gerichten und Staatsanwaltschaften Schleswig-Holsteins im Verhältnis etwa viermal so viele ehemalige NS-Juristen beschäftigt wie z. B. in Berlin oder im Saarland.«

13 Oft, bevor ich Menschen anrufe, denen ich fremd bin, muß ich mich konzentrieren, um glaubhaft zu sagen, wer der Fremde ist und was er will. Höre ich dann, wie ich mich erkläre, kommt mir meine wie eine Lügengeschichte vor. Wie wenige mißtrauisch werden.

Kurz in Berlin, frage ich meinen Zeitungshändler, ob er rechtsradikale Magazine besorgen könne. »Äh, im Prinzip ja, aber ich will mit denen nichts zu tun haben, verstehst du, ich meine, wenn ich einmal bestelle, liefern die immer wieder, äh, und was soll ich mit dem Zeug?« Zu unserer Übung gehört, daß ich – seine Vermutung einschränkend – sage, daß ich die Magazine für eine Recherche bräuchte (als wollte ich sagen: Ich bins nicht gewesen). Er gibt mir eine zwanzig Blatt lange Liste mit Zeitschriftentiteln. Ich gebe auf. Er sagt, er werde den Fahrer fragen. Drei Wochen später nennt er einen Zeitungsladen in meiner Nähe, den ich noch nie bemerkt hatte.

Eine Buchhändlerin, der ich von dieser Arbeit erzähle: »Schreiben Sie danach wieder was Größeres?«

Manchmal macht mich verdächtig, daß ich gut informiert bin. Jemand versucht sich an einen Vorfall vor Jahren zu erinnern, und ich erzähle ihn ihm. Oft, wenn einem ein Name nicht einfällt, weiß ich ihn. Als ich bei einer ehemaligen Mitarbeiterin des Hauses der Jugend in der Küche sitze, sagt sie: »Vielleicht bist du doch aus

dem Hochhaus.« Im »Hochhaus«, dem Gebäude der Itzehoer Polizei, bin ich auch einmal gewesen. Daß ich weiß, was sie mit »Hochhaus« meint, vermehrt nun noch ihren Verdacht, den sie, bis ich gehe, nicht mehr los wird.

Manchmal wird das Recherchieren ungewollt komisch, besonders, wenn Spuren ins Leere führen. – Auf den Landkarten sind »Hünengräber« eingezeichnet. Irgendwo auf den Feldern hatten wir das Auto stehengelassen, uns auf die – ergebnislose – Suche gemacht, und dann sprang das Auto nicht an. Ich sah das einen Spaziergänger sehen, und als er angekommen war, fragte ich ihn, wo das Hünengrab sei. Er fragte, ob er am Auto helfen könne. Ich wußte, daß das Problem mit dem Auto lösbar war, und fragte wieder nach dem Hünengrab. In dem Moment sah ich ihm an, daß er mich für verrückt hielt. Er war geschlendert gekommen, und er ging zügig weiter. Seine Beschreibung des Weges stellte sich als falsch heraus. – Ein Politiker vom Ort gibt sich anfangs völlig zugeknöpft und kann dann das Telephongespräch nicht beenden, sagt mir immer noch und noch eine Adresse und Telephonnummer von Menschen, die mir Auskunft geben könnten. Er schickt mir seine Zeitungsartikel und bittet darum, mit ganzem Namen zitiert zu werden. – »Oh, das ist zu gefährlich, da kann ich Ihnen nichts sagen«, sagt derselbe Mann, als ich ihm beim nächsten Telephonat genauer beschreibe, woran ich arbeite. Nicht zum ersten Mal höre ich den Satz: »Wissen Sie, ich bin Mitglied der CDU«, womit gesagt sein soll, daß man kein Informant sei. Der Mann stimmt einem Treffen zu. Ich solle in seinen Garten schauen, und ich solle »nicht so auffällig« gekleidet sein, »in Jeans«, sagt er, solle ich am besten kommen. – Nach dem Gespräch verabschiedet er sich mit dem Satz: »Schreiben Sie meinen Namen bloß nicht gleich auf die erste Seite.«

Als ich nach der *jüngsten Vergangenheit* dieser Gegend forsche, erfahre ich hin und wieder etwas über die *jüngere Vergangenheit*. Es gibt wenig allgemein zugängliches Material. Eine Ausstellung »Kellinghusen unterm Hakenkreuz« ist umbenannt worden in »Kellinghusen zwischen den Kriegen«, jedoch bis heute nicht fertiggestellt oder gezeigt worden. Bleiben die Erzählungen alter Menschen. Sie wissen von Schlägereien zwischen Nationalsozialisten und Kommunisten, die mit »mit Nägeln beschlagenen Latten« aufeinander losgegangen seien. »Klein-Nürnberg« kenne ich. Nun höre ich von »Klein-Moskau«. So wurde das Viertel (störöstlich) genannt, in dem vor allem Kommunisten wohnten.

Am 5. März 1933, dem Tag der Reichstagswahl, begegnet ein SA-Trupp auf dem Weg vom »Altdeutschen Haus« zum Nachtquartier auf dem Gehöft des Bauern R. (des Großvaters von H. R.) dem Kommunisten Otto Fabian, seiner Braut und einem Freund. SA-Leute kesseln die drei ein und schlagen sie. Fabian, 22 Jahre alt und kräftig, kann sich aus der Gruppe herausboxen. Daraufhin zieht der SA-Mann L. seine Pistole und jagt eine Kugel durch Fabian hindurch, der sofort tot ist. – Bei der polizeilichen Vernehmung bestreiten die SA-Leute, durch die Feldstraße in »Klein-Moskau« gegangen zu sein oder einen Schuß gehört zu haben. Aus Angst macht Fabians Freund keine gegenteilige Aussage. Sieben Wochen nach Fabians Tod wird das Verfahren eingestellt. – Vierzehn Jahre später, 1947, wird der Fall von einem alliierten Gericht neu verhandelt. Fabians Freund erinnert sich wieder. »Im Namen des Rechts« wird L., der laut Urteilsbegründung »von einer auffallenden Stumpfheit« sei, zu zwei Jahren Gefängnis verurteilt, wegen »Körperverletzung mit Todesfolge« (ein Tötungsvorsatz sei »nicht erwiesen«, auch nicht »bedingt«). – Nach der Haftzeit eröffnet L. einen Spielzeugladen und wird zu einem angesehenen Bürger Kellinghusens.

Alte Menschen wissen auch von der »Sägebockaktion«. Im August 1933 holen SA-Leute Kommunisten und Sozialdemokraten aus ihren Häusern, bringen sie ins »Altdeutsche Haus«, ziehen ihnen Jacken über die Köpfe, legen sie auf Sägeböcke und prügeln die Eingefangenen, um den Ort eines angeblichen Waffenlagers zu erfahren. Zwischen den Folterungen werden die Gepeinigten einem SA-Führer vorgestellt und nach dem Ort befragt. Nennen sie ihn nicht, wird weitergefoltert. 1947 werden die Täter wegen »Körperverletzung« und »Verbrechen gegen die Menschlichkeit« zu einem Jahr Gefängnis verurteilt.

So erzählen alte Menschen allerdings nicht. So wünscht es sich nur der junge Mensch. Von keinem der Beteiligten ist diese Information zu bekommen gewesen. Auch hier ist sechzig Jahre geschwiegen worden, und wer etwas sagen will, deutet es nur an. Die Menschen, die diese Information rekonstruiert und aufbewahrt haben, haben es getan, um dem Schweigen der Tätergeneration nicht ausgeliefert zu sein. Einer dieser

Informanten zeigt mir Photos von 1933, marschierende SA, wachende SS, man erkennt viele Gesichter, und er sagt, er zeige mir die Bilder nur, weil ich nicht vom Ort sei. Diese Bilder könnten zum Skandal werden, wenn zurechtgelogene Biographien entlarvt würden. Der andere Informant hat am Gymnasium in Bad Bramstedt eine Arbeit zum Thema »Parteien und Wahlen in Kellinghusen 1929-1933« geschrieben. Dieser Bericht über Kellinghusens *jüngere Vergangenheit* wird von der Schule gedruckt und zu einem Heft gebunden. Den Kreis zur *Gegenwart* schließt der Rektor der Schule, der aus dem Text des Schülers Namen herausstreicht, die man noch heute in der Gegend kennt.

Nach den älteren Bewohnern Kellinghusens fragend, erfahre ich von »Nationalsozialisten, die mit den Jahren weniger werden«. Sie würden »Ausstrahlung« auf Jüngere haben und weitergeben. Es seien jene, die nach dem Krieg etwas »dargestellt« hätten. Dieser Begriff eigne sich, weil ein Darsteller jemand sei, der, wie der Schauspieler, für etwas anderes stehe. Die weniger werdenden Nationalsozialisten wären zwar normale Staatsbürger, würden aber immer noch für etwas anderes stehen, nämlich für die Blut-und-Boden-Ideologie, und die dafür Sensiblen merkten dies nach wie vor. Im Kellinghusener Raum seien diese Familien identisch mit jenen »wie ein Kranz« um die Stadt gelegenen, über die Kriegszeit hinweg erhalten gebliebenen Bauernhöfen. – Eines der um Kellinghusen gelegenen Dörfer ist Auufer. In der Jahreschronik 1987 ist dem Autor aufgefallen, »wie schnell doch zum Teil die Familienbande, oder deutlicher, die Blutsbande, verfallen«. Seine Antwort:

»Man will heute nicht nur etwas über die soziale und gesellschaftliche Stellung seiner Ahnen erfahren, wichtiger finde ich noch, etwas über den gesundheitlichen Zustand der einzelnen Familienzweige zu ermitteln. In jeder Ehe wird nur das Erbgut weitergeleitet, es entstehen keine neuen Erbanlagen. Wohl können Eigenschaften verdichtet werden, so daß sie dominanter in Erscheinung treten. Nachkommen sollten deshalb bedacht sein, bei der Gattenwahl immerhin mögliche erbbiologische Gefahren zu bedenken und diesen entgegenzuwirken. Somit ist vielleicht die große Bedeutung der Familienforschung auch auf diesem Gebiet einsichtig. Zu den Erbleiden rechnet man die Idiotie, TBC, Asthma, Hasenscharte, Albinismus, Epilepsie usw. Personen mit psychopathischen Abweichungen von der gesunden Norm nennt man ›Störer‹, gemeint ist damit z. B. Eigenbrötelei, Herrschsucht oder Streitsucht, Wichtigtuerei usw. Nicht ganz unbegründet haben früher – jedenfalls auf dem Lande – die Eltern die Ehepartner für ihre Kinder bestimmt.«

Den in Hamburg lebenden Filmproduzenten Gyula Trebitsch verbindet mit Itzehoe, daß er nach der KZ-Haft dort in ein Krankenhaus kam. Grund genug für ihn, am Itzehoer Mahnmal für die Opfer des Nationalsozialismus einen Kranz niederzulegen. Anschließend will er Fragen beantworten. Einen Vortrag habe er nicht vorbereitet, Fragen seien ihm wichtiger. Die Antworten, die er gibt, borgen von Anekdoten und sind angereichert bzw. abgeschwächt durch Fertigteile aus dem Wörterbuch des Antifaschisten. Eines dieser Fertigteile ist das Bekenntnis der Freude darüber, daß viele junge

Menschen zu dieser Veranstaltung gekommen sind. – Anschließend stellt einer der jungen Menschen die Frage, wie nach dem Krieg die Kontakte zu ehemaligen Nazis am Ort oder bei Behörden gewesen seien. Trebitsch hat nun feuchte Augen, und der Redefluß stockt. Diese für alle anstrengende Situation beendet er mit dem Aufruf, daß nie wieder Menschen wegen ihrer Rasse, ihrer Religion oder ihrer politischen Einstellung verfolgt werden dürften. Das Publikum will dem Mann einen Teil der Last nehmen, indem es, die Gegengabe, lange applaudiert. Die Veranstaltung endet, als ihr Thema zum Vorschein kommt. – Ein Satz, den Gyula Trebitsch *gesagt* hat, aber möglicherweise nicht so *gemeint* hat, obwohl er ihn *gesagt* hat: »Itzehoe braucht sich seines antifaschistischen Mahnmals nicht zu schämen.«

4.

In der Bundesrepublik ist von Skinheads zuerst 1968 die Rede gewesen, und es war eine Nachricht aus England. Sie lautete: Jugendliche, die mit Glatzen herumliefen, würden Langhaarige überfallen. Das war auf dem Höhepunkt der Hippiebewegung als Underground und der Linken als Apo. Skinheads schafften es damals noch nicht, hier eine wahrnehmbare Gruppe zu werden. – Diese Nachricht aus England beschrieb nur einen kleinen Teil des Phänomens Skinheads (allen Details auch damals schon voran: die Glatze). Wer Skins waren und warum sie es wurden, interessierte weniger. Nur wer danach suchte, erfuhr, daß britische Skins aus der Arbeiterklasse kamen. – Nach 1968, als die Eben-noch-Außenseiter gesellschaftsfähig wurden, als Fernsehserien ihren integrierten Langhaarigen hatten und Toleranz und Harmonie die neuen Werte einer sich verändernden Gesellschaft wurden, stellten Skinheads sich als die *neuen* Außenseiter dar. Im Gegensatz zu Hippies, die nun schon in Werbespots auftauchten, wurden Skins auch als Außenseiter behandelt. – Bis heute halten Skinheads dem aktuellsten Schönheitsempfinden immer noch dieses allgemein als häßlich angesehene Äußere entgegen. Die Kleidung der Skins entstand aus der demonstrativen Ablehnung, sich in der Freizeit anders zu kleiden als bei der Arbeit. So behielten sie ihre Stiefel mit Stahlkappen auch nach Feierabend an. Skinheads waren eine proletarische Subkultur.

Ende der Siebziger hatten junge Soziologen und ebenso alte Berufsjugendliche eine »resignierte Jugend« entdeckt, da war Punk, und ein Jahr später war Punk eine hübsche Schaufensterdekoration. Manche Punks, die die Härte gutfanden, konnten mit der Trash- und No-Future-Mentalität nichts anfangen. Sie wollten nicht von Schaufensterdekorateuren oder Linken, von ihren linken Lehrern gar, gutgefunden werden. Eine Möglichkeit, hart, aber nicht Punk zu bleiben, war, Skinhead zu werden. Im übrigen war durch die Figur des ersten und früh verstorbenen Punkstars Sid Vicious nicht entschieden, ob Punk rechts oder links war oder nur extrem. Gegen Langhaarigen-Larmoyanz und Staatsdienstgeilheit, gegen die permanente Diskussion mit ihren antiautoritären Verständnisschlaufen war Punk die noch nicht definierte Härte. – Erst seit 1980, als Skinheads sich von Punks trennten, paßt die neue Härte ins vorhandene politische Schema. Punks und Linke arrangierten sich in der Hausbesetzer-Szene, Skinheads wurden von rechten Splitterparteien umworben. Im Lauf der achtziger Jahre werden Skinheads besonders von jenen ausgegrenzt, die die Subkultur Punk so einseitig umarmt, den Punks jede Subkultur-Eigenschaft genommen und die vorurteilsvoll verdammten Skinheads als Subkultur, ja: allein gelassen haben. – Die geteilten Lager gabelten sich auf beiden Seiten nochmals und nochmals. Manche standen zwar einer der politischen Seiten näher als der anderen, wollten aber in erster Linie hart sein und nicht rechts oder links sein. Einige waren politisch motiviert, und diese teilten sich in Organisierte und Unorganisierte; diese wiederum in mehr oder weniger aktive. Heute, zehn Jahre später, ist dieses Feld weiter ausdifferenziert, durch die Fankurven der Fußballstadien, durch Ausländergangs, die sich gegen Rassismus wehren, und durch die Bemühungen von Rechtsextremisten, Jugendliche für ihre Organisationen zu gewinnen.

Im dynamischen Gesellschaftssystem erhält die Subkultur nach und nach Angebote, sich zu beteiligen; mit der Folge, daß die Gegenkultur entschärft und die Mehrheitskultur erneuert wird. Normalerweise steuern Mehrheits- und Subkultur nicht aufeinander zu, sondern in verdeckte Korrespondenzen. Das geschah nach 1968 und nach 1978. – Nach 1968 mühte man sich, die hellsten Köpfe des linken Protests zu integrieren. Wenn das nicht ging, sollten wenigstens ihre besten Ideen fürs alte System brauchbar gemacht werden. Die seitenverkehrt entsprechende Annäherung des linken Protests galt Institutionen, in die man wollte. Ideologien beiseite lassend ist erkennbar, daß beide Seiten, die sich anfangs scheinbar so konträr gegenüberstanden, aufeinander zu wollten; und was »Protest«, »Revolte« oder »Repression« genannt wurde, waren die öffentlichen Verhandlungen darüber, in welchen Grenzen und mit welchen Abstrichen auf beiden Seiten man die Gesellschaft erneuern könnte. – Nach 1978 geschah ähnliches und doch fundamental anderes. Die Gesellschaft hatte sich verändert. Die Protestler von vor zehn Jahren waren besonders im pädagogischen Bereich zahlreich untergekommen. Auf Punk reagierten die meisten nach der ersten Verwirrung mit Verständnis. Manche sahen in der Hausbesetzerbewegung einen Fortsatz ihres ehemaligen Protests. Als die Skinheads sich aber ausgruppierten, schien es beschlossene Sache zu sein, daß sie dort, draußen, zu bleiben hatten. In das Zeitalter hineingeboren, in dem sich der Toleranzgedanke durchzusetzen schien, begannen sie – mit Gewalt – einen Kleinkrieg für Intoleranz und Ungleichheit zu führen. Seitdem hielten sich – nicht nur in Kellinghusen – die meisten an das Drehbuch der Eskalation – der Film läuft noch. – Seit es Skinheads gibt, scheint niemand Interesse zu haben oder in der Lage zu sein, diese Subkultur zu integrieren. Die Unfähigkeit und der Unwille der meisten, differenziert auf rechtsextreme Weltbilder und Ungleichheitsideologien einzugehen, grenzt Skinheads, Rechtsextreme und am Rand, auf dem Sprung Stehende aus. Aus der somit erzwungenen Ferne werden sie vor allem zur Projektionsfläche für die Gewaltphantasien derer, die ihre Gegner sein wollen. Sehe ich Skins in einem Fernsehspiel, so soll ich das unverbesserliche Böse sehen. Sie werden monsterisiert. Die einen zucken zusammen, die anderen sehen SA-Trupps, und zuallerletzt kommt jemand darauf, daß es protestierende Jugendliche sind, die sich zur ernst zu nehmenden und nicht ernst genommenen Subkultur der achtziger und neunziger Jahre entwickelt haben. Längst ist ihre Stärke, die Rolle derer innezuhaben, mit denen nicht geredet wird, sondern die als Andersdenkende denunziert werden. Sie sind die einzige der neueren Jugendgruppen, bei denen Erzieher schon mal die Fassung verlieren dürfen. Skinheads sind die Leiche im Keller der Jugendbewegungen der achtziger Jahre.[1]

Das Problem sind aber nicht Skinheads, sie sind lediglich eine handfeste Erscheinung. Das Problem ist die vertrackte Beteiligung aller Generationen an der Logik, in der junge Menschen rechtsextremen Gruppen zuneigen. Und problematisch, wenn nicht verwässernd, ist hierzulande die Benennung des Konfliktes als eines zwischen »Rechten« und »Linken«.

»Linke« mögen in »Rechten« ihre Feinde sehen, so wie »Rechte« in »Linken«. Darum geht es aber längst nicht mehr. Weder zwingt eine Seite der anderen eine Auseinandersetzung mit »linken Inhalten« ab, noch hat die andere Seite »rechte Inhalte« anzubieten. Das ist auch nicht nötig, da jede Seite sich auf ihre Vorurteile beschränkt. Worüber wird dann »verhandelt«, wenn »Rechte« und »Linke« sich die Köpfe einschlagen? Übers Deutsche. Die einen erinnern an *Adolf Hitler*, weil sie damit gehört werden. Die anderen erinnern an *Auschwitz*, weil sie damit gehört werden. Hauptsache Deutsch.

Es sind drei Generationen, dazu verdammt, das Deutsche immer wieder wie neu zu verhandeln, wahrscheinlich so lange, bis es normal wird. Die *erste Generation* ist die »Überleber-Generation, drauf und dran, die Söhne und Enkel der Nazis um ihre Geschichte zu betrügen« (K. H. Bohrer). Die *zweite Generation* sind jene Kinder der »Überleber«, die deren gepanzertes Schweigen in den sechziger Jahren zu beenden versuchten und dafür sorgten, daß über den Faschismus gesprochen wurde.[2] Die *dritte Generation* sind jene heute etwa Zwan-

zigjährigen, die den Typus der *zweiten Generation*
als Erzieher hatten und die, um sich zu unterscheiden und um zu provozieren, »nationales Denken«
vorgeben.[3] – »Generation« zu sagen ist eine Verein-
fachung. Es handelt sich in der *ersten Generation*
um die schweigenden NS-Mitmacher, in der *zweiten Generation* um jene, die die Normen und Prin-
zipien des Kapitalismus anzweifelten, und in der
dritten Generation um jene, die die Unübersichtlichkeit mit Führerfiguren und einem totalitären
Staat beantwortet sehen wollen oder vorgeben müssen, es zu wollen, um sich Gehör für ihren Protest
zu verschaffen. – In der *zweiten Generation* waren
es weniger als in der *ersten*, in der *dritten* sind es
weniger als in der *zweiten*.

Die *erste Generation* wollte von Auschwitz schweigen, weil Auschwitz ihren Stolz verletzt hatte. Die
zweite Generation wollte über Auschwitz sprechen, weil dies ihre Scham, Deutsche zu sein, be-
gründete.[4] – Die *dritte Generation* akzeptiert
Auschwitz als Zentrum einer Moral nicht und behauptet einen Stolz, deutsch zu sein. – Jede jeweils
jüngere Generation hat einen sicheren Instinkt, wo
die Tabus der älteren begraben liegen – und buddelt
sie hervor. In der Unterscheidung zu den Empör-
ten, die sich dann melden, findet sie ihre Identität.

Der deutsche Nationalsozialismus hat bisher jeder politischen Auseinandersetzung zugrunde gelegen. Die Kriegsüberleber der *ersten Generation* tabuisierten linke Positionen. Die Protestierenden der *zweiten Generation* tabuisierten rechte Positionen. Der Unfähigkeit, mit links zu reden, folgte die Unfähigkeit, mit rechts zu reden. – Das »USA/SA/SS« und das »Deutsche Polizisten sind Mörder und Faschisten« der *zweiten Generation* zielte ebenso aufs Tabu und kalkulierte nicht weniger mit Resonanz bzw. Reflexen als das »Ich bin stolz, Deutscher zu sein« der *dritten Generation*. Beide Provokationen sind, gemessen an den überzogenen Antworten, die sie wie gewünscht erhalten (»Kommunist!« – »Nazi!«), erfolgreich; in Deutschland zum Erfolg verurteilt. Wer spricht oder schweigt, ist verwickelt und befangen. Hauptsache Deutsch.

Ob über die Spanne von Generationen gesehen oder ob im kleinen Ausschnitt betrachtet: im großen wie im kleinen schnappen Reflexe ein. – Im kleinen hört sich das oft so an: Jemand sagt, er sei *stolz*, Deutscher zu sein. Der andere will das erklärt haben und hört, Deutschland habe mehr zu bieten als diese zwölf Jahre und *Auschwitz*. Daraufhin sagt der Streitpartner, so lax könne man mit *Auschwitz* nicht umgehen. So haben beide Seiten schnell den Gegenstand gefunden, der sie veranlaßt, ihre zwei

Meinungen ordnungsgemäß auf den ihnen zukommenden Stellen im Meinungsland zu plazieren; woraufhin dann die Gegenseite, die den gleichen Stadtplan vom Meinungsland besitzt, einschnappen kann. – Jede Diskussion wird absurd, wenn der Name *Auschwitz* fällt. Nur in diesem Land sind die Nachgeborenen mit dem Zwangsmuster geschlagen, entweder die Opfer der größten systematischen Ausrottung dieses Jahrhunderts zu leugnen oder sich anzumaßen, im Namen dieser Opfer zu sprechen, die sich gegen solche Indienstnahme nicht mehr wehren können. Die Sache ist besetzt von sich verabsolutierenden Wahrheitszumutungen, die im Dialog nicht angeglichen, sondern im Vorwurf immer neu aufgetürmt werden, und jede Seite findet Selbstbestätigung, in einer symmetrischen Eskalation ohne Ende. Mit *Auschwitz* als moralischem Zentrum ist ein deutscher Dialog nur noch als extremer denkbar. Das Gespräch weicht einem Glaubenskampf.[5]

Michael Kühnen deutet in seinen Äußerungen zur Rekrutierung von Skinheads für die »Bewegung« an, daß er sich nicht nur auf die einschnappenden Reflexe verläßt, sondern mit ihnen spielen und sie kontrollieren will. Jungen Rechtsextremisten wird daher kein theoretisches Feindbild eingebleut. »Wenn wir politisch tätig sind, ... bekommen unsere jungen Leute das beste Bild davon, wer unsere Gegner sind.« Kühnen vertraut auf die bekannten Reflexe, die einschnappen, wenn Rechtsextremisten sich öffentlich zeigen. Überspitzt gesagt: Kühnen vertraut den *Antifaschisten*, die dann auftauchen. Er kann sich nämlich darauf verlassen, daß seine jungen Leute dann als *Nazis* beschimpft werden – woraufhin sie auch wirklich Gegner sehen, denn als Nazis verstehen sich die wenigsten. – Die einschnappenden Reflexe sind so machtvoll, weil man als Verstrickter nicht auf das Netz blicken kann, in dem man gefangen ist.

Einschnappende Reflexe, wenn du nicht mehr zum Thema sprichst, aber auch nicht schweigst. Wenn du andere widerlegen willst, bevor sie ausgeredet haben. Wenn wie automatisch die eigene Meinung in Form von schnellen Entgegnungen abgerufen und aufgesagt wird, schneller, als du denken kannst, manches Mal, und von Tempo und Automatik her: Reflexe. »Ein Wort gibt das andere.« Einschnappend: Wenn nicht du zum Thema, sondern das Thema aus dir spricht, in Vorurteilen und Ressentiments, und wenn dein Gesprächspartner diese bestätigt, woraufhin sich dein Bild von deinem Gesprächspartner bestätigt. – Du bist den einschnappenden Reflexen ausgeliefert, wenn ein Gesprächspingpong aus Ja und Nein keinen Ausweg zuzulassen scheint, wenn dein Ja sein Nein und sein Nein dein Ja immer nur wieder erhärten, so daß es Zeit wäre, sich zu trennen oder zum Duell herauszufordern. Um diesen Kreislauf (»Teufelskreis«) zu unterbrechen, müßtet ihr auf die logisch nächsthöhere Ebene kommen, von der aus ihr dich und ihn betrachten könnt. Aber genau das ist dir und ihm verwehrt, da jeder Satz des anderen die ausweglose logische Stufe der Reflexe bestätigt und den Zugang zur nächsthöheren verbaut. Ein Dritter müßte her, aber ein Dritter, der von beiden Seiten als Vertreter einer höheren logischen Stufe akzeptiert wird... Oder ein Dritter, den ihr als Verbündeten braucht, um dessentwillen ihr verhandlungsfähig und also wieder flexibel werdet und diskutiert anstatt zu denunzieren.

Was hier Drehbuch genannt wird, sind die verinnerlichten Reaktionszwänge auf das Reizthema Deutsch. – Nach vergleichbaren Szenenfolgen, die sie im einzelnen nicht kennen, auch nicht durchschauen, aber verinnerlicht haben, handeln die meisten in den Beziehungen zu ihren Eltern, in Liebesbeziehungen und in Beziehungen zu Autoritäten. Also in den stärksten Bindungen. Dort entscheidet der Einzelne weniger, als ihm lieb ist; in diesen Beziehungen zeigt sich eine Vorentschiedenheit, die er nicht gewählt hat. Man wird darauf gestoßen, daß man, neben allem Willen, jemand zu sein, längst jemand ist. Ähnlich wirkt das verinnerlichte Drehbuch, das man beherrschen kann, ohne es kennen zu müssen. Alle diese engen, oft als zu eng empfundenen Bindungen sind gerade daher bevorzugter oder notwendiger Ort für Fernhaltungen, Abweisungen und Verdrängungen. In einer solchen (zu) engen Bindung zu dem, was bei »Deutschland« an Vorstellungen freigegeben ist, scheinen die meisten Deutschen sich zu empfinden. Immer noch leiden wir unter den Ausschlagbewegungen der zu starken Bindung sowie der extremen Bindungslosigkeit gegenüber dem Deutschen (das sich durch seine Vergangenheit definiert). Was im Moment als Rechtsextremismus sich bewegt, ist ein Abstoßen von einer zwanghaften Bindungslosigkeit gegenüber dem Deutschen, ist eine Abkehr vom negativen Nationalismus, ein von Politikern wie Skinheads gleichermaßen hilflos vorgetragener Versuch, als Deutsche von jetzt auf sofort »normal« zu sein (wie es konservative deutsche Politiker seit zwei Jahrzehnten fordern). Allein diese Forderung läßt auf einen Defekt schließen.

Die Drehbücher der einschnappenden Reflexe sind nicht nur in deutsch verinnerlicht. »Rechte« und »Linke«, Ansässige und Immigranten sind diesen Drehbüchern auch in anderen Staaten ausgeliefert und spielen sie eifrig durch. Jede größere europäische Nation hat mit verschiedenen politischen Extremismen zu tun. In Deutschland aber, so oder so, ist Extremismus Reaktion auf den ehemaligen faschistischen deutschen Staat. Linksextremismus will diesen Staat zwingen, sein faschistisches Gesicht zu zeigen. Rechtsextremismus aktualisiert nahezu ungebrochen die Feindbilder des deutschen Faschismus. Die hiesigen Reaktionen auf beide zeigen, daß aktuelle Taten kaum diskutiert werden können, ohne ihren Bezug zur deutschen Vergangenheit zu beschreiben. Wo sonst kann man seine Reaktionen mit Begriffen wie *Hitler* oder wie *Auschwitz* aufladen und sich mit entsprechender Neigung zum Totalitären scheinbar ins Recht setzen? – Rechtsextremismus ist heutzutage kein besonders deutsches Phänomen. Hauptsache Deutsch ist allerdings der Zwang, es nicht in der Größe seines Erscheinens zu nehmen, sondern eine moralisch-profitable Erhöhung daraus zu schinden, die sich bei genauerem Hinsehen als Selbstentlastung offenbart.

Eine Folge der schnellen ideologischen Aufrüstung der *zweiten Generation* ist gewesen, daß der deutsche Faschismus als Argument nützlich war, bevor er persönlich begriffen, also in der eigenen Familie entdeckt wurde. Bevor junge Gesellschaftskritiker

sich mit ihren Eltern, die meistens Nazis oder Mitläufer waren, also auch mit dem Nazi in sich selbst
beschäftigten, war die Welt erklärt. Und bevor die
Urteilenden später ihre Befangenheit (bestenfalls)
entdeckten, hatten sie längst mit der Selbsttäu-
schung, unbefangen zu sein, geurteilt und konnten
diese Urteile nur zurücknehmen, wenn sie Korrek-
turen an ihrem Urteilsgebäude, dem Marxismus,
vornahmen. Die schnellen Antworten von Kindern
von Nazis, die »Linke« wurden, ihr Bezug auf
historische Wahrheit, bevor sie die persönlich be-
merkten (oder nicht), und der bis zum Terrorismus
reichende Durchsetzungswille kommen mir wie
seitenverkehrte Entsprechungen zur Haltung ihrer
Eltern vor. – Die »junge Linke« jener Zeit definierte
sich in Opposition zum Deutschen, strich, was
nach Land klang und wie Heimat schwang, aus dem
Vokabular. Die Gleichungen lauteten Kapitalismus
= Faschismus und Deutschland = Faschismus.
Keinmal Ich = Faschismus. – Wie kamen die Kinder
der Nazis zu Antworten? Wer oder was hat sie
scheinbar ganz anders als ihre Eltern gemacht? Was
sie trennt, sind die Inhalte. Was sie verbindet, sind
das Denken, die Wörter, Geschichte: das Deutsche.[6] – »Dadurch ... daß die offizielle Politik weit-
gehend dahin ging, die offene Auseinandersetzung
mit der Vergangenheit zu vermeiden, trug man nicht
nur dazu bei, die gefährliche Hinterlassenschaft

Hitlers aus dem Bewußtsein der westdeutschen Bevölkerung zu verbannen, man drängte dadurch besonders die intellektuell wacheren jungen Menschen dazu, ihre Identität im Marxismus zu suchen,
dem einzigen Gedankengebäude, das ihnen eine Erklärung des Faschismus bereitstellte und ihnen
gleichzeitig die Möglichkeit gab zu fühlen, sie hätten mit dieser Vergangenheit nichts zu tun, sie seien
frei von jeder Schuld.« (Norbert Elias)

Daß Kohls Bemerkung von der »Gnade der späten
Geburt« ein solcher Hit werden konnte, sagt mehr
über die Parodisten und Vervielfältiger dieses Satzes
aus als über seinen Urheber (der nicht Kohl, sondern Günter Gaus heißt). Manche rechneten dem
Kanzler danach vor, daß er seine Kindheit während
des Dritten Reiches hatte. Die authentische Empörung und die platte Satire haben nicht bemerken
können, daß diese eine der subtilsten Äußerungen
Kohls gewesen ist. Er weiß selbst, wann er geboren
ist. Sagen wollte er, daß er, wäre er eine halbe Generation älter gewesen, sich von der Mehrheit der
Deutschen nicht unterschieden hätte. Die »Gnade«
ist, daß der vaterlandsliebende Patriot in einer Demokratie Politiker geworden ist. Gnade ihm, denkt
er, daß er seine Vaterlandsliebe nicht zur Zeit der
deutschen Barbarei auszuagieren hatte. – Warum ist
den meisten dieser Sinn von Kohls Satz entgangen?

Es drängt sich der Verdacht auf, daß die in der Regel jüngeren und linksliberalen Parodisten und Dauerkritiker des Kanzlers diesen Satz deswegen als vermessen und geschichtsklitternd falsch verstanden haben, weil ihr eigenes Verhältnis zur deutschen Vergangenheit vermessen und geschichtsklitternd ist. Die Parodisten haben Kohls ernsten und ehrlichen Satz auf ihr eigenes Niveau heruntergeholt. Zwischen den Zeilen wird der unangenehme Hinweis hörbar, daß man selbst später als Kohl geboren sei und »Gnade« einem eher zustehe als den in den dreißiger Jahren Geborenen. Dieses vielleicht gewollte Mißverstehen hat ein absurdes Wettpinkeln um Entlastung entfesselt. Absurd, weil so sich nur Belastete verhalten.

In einem Dokumentarfilm über Leben und Tod des Hannoveraner Skinheads Roger Bornemann kommen die Lehrer des Jungen zu Wort. Sie vermeiden das Wort *Lehrer* und sprechen von *Teams* und *Lernzielen*. Die Lehrer Roger Bornemanns und einige Lehrer der Kellinghusener Skinheads sind um 1968 Studenten gewesen und wurden in den siebziger Jahren die neue Lehrergeneration, die das selbsterlittene autoritäre Erziehungskonzept nicht fortführen wollte.[7] Gemein ist diesen Erziehern, daß sie nicht mitbekommen haben, es mit Skinheads zu tun zu haben. Wenn man sie gescheit reden hört, ist es, als wären in der Praxis all ihre Theorien unterlaufen worden. Das ist ja schließlich der Spiegel des ausgeklügelten Notwehrprogramms des jungen Menschen, der sich von bestimmten Erziehern nichts sagen lassen will: Er weiß genau, wo seine Erzieher aufmerksam sind und wo nicht, und umgeht sie auf eine Weise, daß er für die Älteren nicht in Sichtweite und nicht innerhalb ihrer Aufnahmeraster sich befindet. Er hebelt deren Erkenntnishebel aus. Sensible Erzieher, die dies immerhin gegenwärtig und nicht erst später bemerken, sagen dazu: »An den komme ich nicht heran.« Protestbereite Jugendliche, die sich von diskutierwütigen Erziehern der *zweiten Generation* (die den Begriff *Erzieher* ablehnen würden) umstellt sehen, haben beste Übung darin, sich, besonders im Geschichtsunterricht, nicht diskutierfreudig erkennbar, sondern desinteressiert unbemerkbar zu machen. Sie wissen, daß, sobald geredet wird, die anderen »recht« behalten werden – und sei es nur mit dem Satz, daß man doch über alles reden könne. – Oft ist das »Nie-wieder-Faschismus« der *zweiten Generation* autobiographisch überverstärkt und der umsichtslosen Vorsilbe Anti nahe. Ihr Diskutierzwang fördert die Abneigung gegens Diskutieren. Der junge Mensch, der nach Autoritäten sucht, findet in der antiautoritären Idee keine. Jene Pädagogik, die Sozialisation anstelle von Erziehung setzen will, ist ohne Angebot. Einem »Lernziel Individualität« fehlen zudem die Entsprechungen in der Erwachsenen- und Arbeitswelt. – In dem Film kommt der Vater Roger Bornemanns zu Wort. Auch er hat anfangs nicht mitbekommen, daß sein Sohn Skinhead war. In einem Interview rühmt er sich, mit seinem Sohn Fernsehsendungen »vorbesprochen und natürlich auch nachbesprochen« zu haben, unter anderen die »Holocaust«-Serie. An anderer Stelle sagt er, daß nur wenige Skinheads »im politischen Bereich gut wirken konnten. Dazu gehörte z. B. mein Sohn, der einige Monate für die Propaganda bei der FAP hier zuständig war. Er war damals siebzehn Jahre alt.«[8]

Das ideologische Gerüst der *zweiten Generation*, die ja immerhin jene ist, die dafür sorgte, daß über den Faschismus gesprochen wurde, war kaum weniger gegen Wirklichkeit abgeschottet als das der *ersten Generation*. Abgesehen von den unbestrittenen Verdiensten der *zweiten Generation*: Der elend gutgemeinte Antifaschismus-Begriff wurde strapaziert, bis er nichts mehr sagte. Politische Gegner wurden denunziert. Anstelle des bekämpften Nationalismus schlich sich ein negativer Nationalismus ein, der im Bewußtsein eines »Linken« heutzutage so tief sitzt, daß er ihn ebenso wenig merkt wie ein »Rechter« seinen Nationalismus. Die *zweite Generation*, die den Panzer der *ersten Generation* knacken wollte, war gegen Selbsteinpanzerung nicht gefeit. – Mitte der siebziger Jahre wurden nach den Älteren auch die Jüngeren definiert: »Neuer Sozialisationstyp« war der Begriff, der aus den Seminaren an die Kneipentische als Abkürzung kam. Die Behauptung des »NST« war der Versuch der *zweiten Generation*, die *dritte Generation* als »narzißtisch« auszuweisen. Mit diesem Coup setzten die Redner der *zweiten Generation* sich als die einzig Wahren zwischen zwei deformierte Generationen. Der Begriff »NST« ist von Veteranen der 68er-Revolte entwickelt worden, die wehmütig stimmte, daß bei nur wenigen jungen Menschen die politisch-ideologische die persönliche Identität formte – was das Bildungserlebnis der Achtundsechziger gewesen war. Menschen meines Alters wurden als politisch passiv, resigniert und in die Innerlichkeit flüchtend vorbeschrieben. Dabei waren die meisten nur darum bemüht, die Fehler der »NST«-Erfinder nicht zu wiederholen. Deren Wahrheitszumutungen reizten zur Eliminierung, nicht zur Imitation. Mit »NS« meinten sie ihre Eltern; mit »NST« meinten sie die Jüngeren ... Als Ende der achtziger Jahre eine rechtsradikale Partei in manchen Ländern mehr als 5 % erreichte, zeigte sich immer noch die Unfähigkeit oder der Unwille, die Diskussion mit Andersdenkenden der Denunziation und Ausgrenzung vorzuziehen.[9]

4. Juli 1991. Obwohl aktuell nichts geschehen ist, reiße ich aus dem »Tagesspiegel«, den ich morgens überfliege, drei Artikel heraus, die mit dem Thema zu tun haben. Zusammen ergeben sie eine dieser alltäglichen Szenenfolgen, die einem selten bewußt werden und die genau beschreiben, was los ist, ohne daß man auf einen zu warten hätte, der sagt, was los ist. – Aus der ersten Meldung erfahre ich, daß sowjetische Juden, die während des Golfkriegs über Israel nach Berlin gekommen sind und sich beim Bezirksamt Wedding meldeten, aufgrund einer dortigen Ermessensentscheidung nur 70 Prozent des Sozialhilfe-Mindestsatzes erhielten. Einer hochschwangeren Frau, die eine komplizierte Geburt zu erwarten hat, ist ein Krankenschein mit dem Vermerk »Nur für Notfallbehandlung« ausgestellt worden. – Aus der zweiten Meldung erfahre ich, daß das Berliner Verwaltungsgericht die Unrechtmäßigkeit eines Erlasses der Ausländerbehörde festgestellt hat. Die Ausländerbehörde hatte Arabern zur Zeit des Golfkriegs jegliche politische Betätigung verboten. Jener, der dagegen klagte, war zur selben Zeit problemlos eingebürgert worden

und hatte daraufhin die Mitteilung erhalten, daß das Verbot für ihn nicht mehr gelte. Die Ausländerbehörde konnte dem Verwaltungsgericht »sicherheitsrelevante Erkenntnisse« über die vom Erlaß Betroffenen nicht vorweisen. – Die dritte Meldung beginnt wie als Kommentar zu den beiden anderen: »Ausländerfeindlichkeit ist kein Problem einer Minderheit.« Diese Meldung gibt das Ergebnis einer Umfrage unter 2800 ostdeutschen Schülern, Studenten, Lehrlingen und Angestellten wieder. 49 Prozent seien der Ansicht, es gebe zu viele Ausländer in Deutschland.

Zweifellos ist Rechtsextremismus ein Problem im Zentrum der Gesellschaft, und nicht eines am so gern behaupteten Rand (wie schlecht gedacht der einst gutgemeinte Begriff »Randgruppe« ist…). Dort, wo der Rand sein soll, wird lediglich ausagiert, was in der Gesellschaft gedacht, doch selten öffentlich laut gesagt wird. – Wenn der *Schlips* vor Scheinwerfern »Ausländerbegrenzung« fordert, löst der *Stiefel* sie in der Dunkelheit ein. Daß aus Wörtern Taten geworden sind, will der *Schlips* danach nicht mit sich selbst in Zusammenhang gebracht wissen; und doch ist der schnelle *Stiefel* dem *Schlips* Anlaß, seine Forderung nach »Ausländerbegrenzung« – nun mit dem Hinweis auf zunehmende Gewalt – zu wiederholen; was für den *Stiefel* wie-

derum Ansporn ist... woraufhin... – So arbeiten
konservative Politiker und gewalttätige Rechtsextremisten sowie ihre Helfer, mit und ohne Wissen,
Hand in Hand.

Franz Josef Strauß 1969: »Ein Volk, das diese wirtschaftlichen Leistungen vollbracht hat, hat ein
Recht darauf, von Auschwitz nichts mehr hören zu
wollen.« – Alfred Dregger 1982: »Ich rufe alle
Deutschen auf, aus dem Schatten Hitlers herauszutreten – wir müssen normal werden.« – Anfang der
Achtziger äußerten sich führende konservative Politiker verharmlosend zum sich verändernden
Rechtsextremismus. Franz-Josef Strauß, zwei Tage
nach dem Mordanschlag vom Münchner Oktoberfest: »Zunächst hat der Terror der Linken begonnen, und damit ist der Terror der Rechten da und
dort großgezogen worden. Das Ganze ergibt eine
Wechselwirkung.« – Und Strauß, nachdem die
»Wehrsportgruppe Hoffmann« verboten worden
war: Man solle »diesen Hoffmann, der wirklich wie
ein Kasper aussieht, doch in Ruhe lassen«. In den
gleichen Tagen sagt Tandler, CSU, die Verdopplung
rechtsextremistischer Vorfälle in Bayern sei hauptsächlich auf den »Holocaust«-Film zurückzuführen. Und Tandler, nachdem in einem Ausländerwohnheim zwei Menschen ermordet worden sind:
»Wer die Lage kennt, der weiß, daß es zwar einen

Rechtsextremismus gibt, aber daß die eigentlichen
großen Gefährdungen von seiten des Linksextremismus kommen. Man sollte nicht ein Schatten-
reich aufbauen, eine Schattengefahr aufbauen über
das hinaus, was existiert.« – Eine Variante der *Verharmloser* ist die Verschwörungstheorie. Strauß vier
Tage nach dem Terror von München: »Wenn man
die Kriegsführung des KGB und der verwandten
Dienste kennt, kann man mit Sicherheit davon aus-
gehen, daß man versucht, rechtsextreme Vereini-
gungen nicht nur zu infiltrieren, sondern auch für
provokative Zwecke zur Diffamierung der Bundesrepublik zu mißbrauchen.« Eine ähnliche Auskunft
gibt 1982 Gerhard Boeden, der Direktor des BKA,
allerdings, wie er später hinzufügt, nicht in seiner
dienstliche Funktion, sondern als CDU-Mit-
glied...

In einem der hilfreichsten Bücher zum Thema beschreiben Klaus Farin und Eberhard Seidel-Pielen
die sozusagen unter staatlicher Anleitung ange-
wachsene Normaldiskriminierung türkischer Bürger in der Bundesrepublik: »Ende der siebziger
Jahre geht die relativ friedliche Koexistenz zwischen Inländern und Einwanderern zu Ende. Die
Mehrheitsgesellschaft kündigt den ›Gastarbeitern‹
die Freundschaft endgültig auf. Sie werden zur un-
geliebten Erblast des ›Wirtschaftswunders‹, die man

nun möglichst ›human‹ und ›elegant‹ loswerden
möchte. Die Zuzugssperre vom 1. April 1975 stig-
matisiert die Einwanderer als soziale Belastung...
Seit 1975 sind Wohngebiete mit einem Ausländer-
anteil von mehr als zwölf Prozent für Nicht-Deut-
sche gesperrt... Am 5. Oktober 1980 wird die Vi-
sumpflicht für türkische Arbeitnehmer eingeführt.
1981, ein Jahr vor der ›Wende‹ in Bonn, exerziert
der CDU-Senat in Berlin die Gangarten einer konservativen Ausländerpolitik vor. Der Familienzu-
zug wird begrenzt, und die Rechte der zweiten Generation werden eingeschränkt... 1982 wird dies
zur Bundespolitik... Im Herbst 1983 versucht Innenminister Zimmermann die türkischen Einwanderer mit einer ›Prämie‹ zur Rückkehr zu bewegen... Es kommt zu einer Welle antitürkischer
Übergriffe. Türkenwitze sind in.« (In Westberliner
Diskotheken werden türkische Jugendliche in der
Regel nicht mehr hineingelassen.) »Am 30. August
1983 stürzt sich Kemal Altun aus dem Fenster des
Berliner Verwaltungsgerichts in den Tod... Am
21. Dezember 1985 kommt es in Hamburg zum
Mord.«[10] Der emotionalisierbaren Öffentlichkeit
wird eine Debatte über sogenannte »Scheinasylan-
ten« angeboten, die gierig angenommen wird. Allein die Zahl der bald folgenden Aus- und Über-
siedler entlarvt das Scheinasylantenthema als
Scheinthema. Längst haben sich als Reaktion Stra-

ßenbanden türkischer Jugendlicher formiert. Aus der hinter diesem Vordergrund Mut schöpfenden rechtsextremen Szene kommt der »Anti-Türken-Test« als Videospiel auf den Markt.

Im Februar 1983 faßte die Kultusministerkonferenz einen »Beschluß über die Darstellung Deutschlands in Schulbüchern und kartographischen Werken im Schulunterricht«. Auf politischen Karten Europas sind demnach die Grenzen des Deutschen Reiches vom 31. Dezember 1937 zu kennzeichnen. – Der ehemalige CDU-Ministerpräsident Wallmann erklärte Mitte der Achtziger: »Uns fällt es heute mit mehr Abstand leichter, die ganze deutsche Geschichte und damit auch – über den Abgrund der jüngeren Vergangenheit hinweg – jene Epochen und Ereignisse wiederzuentdecken, die uns mit Stolz erfüllen können.« Ist das der *Stolz, Deutscher zu sein*? Ein Wahlslogan Wallmanns in Frankfurt war: »Das Ausländerproblem liegt in Ihrer Hand – Festigkeit mit W. W.« – Die hessische CDU formulierte auch den Wahlslogan: »Soll Daniel Cohn-Bendit unsere Heimat bestimmen?« – Der bayrische Innenminister Stoiber wollte 1988 nicht zulassen, daß die Gesellschaft, wie er sagte, »durchraßt« werde. – All diese Äußerungen fielen, nachdem eine weithin anerkannte Studie 1980 festgestellt hatte, daß »insgesamt 13 Prozent der Wahlbevölkerung... ein ideologisch geschlossen rechtsextremistisches Weltbild (haben), dessen Hauptstützen ein nationalsozialistisches Geschichtsbild, Haß auf Fremdgruppen, Demokratie und Pluralismus sowie eine übersteigerte Verehrung von Volk, Vaterland und Familie sind«. – »Die sprechen doch nur aus, was die meisten denken«, ist mir in Kellinghusen mehrmals gesagt worden.

Nach dem Fußballweltmeisterschaftsspiel Niederlande gegen Bundesrepublik wurden in West-Berlin polnische Reisebusse angegriffen. Die »$nicker$ BFC Hools« (ehemals »Die Blinden«) überfallen geldtauschende Vietnamesen, um »deutsches Volkseigentum rückzuführen«.[11] – Chefhooligans der Nation waren dieser Tage die TV-Fußballkommentatoren. Der eine: »Schickt den (argentinischen) Schiedsrichter in die Pampas!« Der andere: »Hier sehen Sie Rijkardt, das spuckende Lama.« Das Rechtsextreme nährt sich aus der Mitte. Dort ist der berühmte *Nährboden*. – Völler hätte »nichts getan«, als er auf den Torhüter zuflog, ein Anspringen vortäuschte und an ihm vorbeisegelte. Hierzulande normal. Dies ist das giftige alltägliche Vorfahrtsdeutsch, im Straßenverkehr zum Beispiel unerläßlich: Auf jemanden zusteuern, im letzten Moment ausweichen und beteuern, wirklich nichts getan zu haben. Auch die Täuschung ist eine Tat.

Seit dem 8. April 1991 können polnische Staatsangehörige ohne Visum nach Deutschland reisen. Bereits vierzehn Tage vorher wurde auf das Ereignis vorbereitet. Die SAT 1-Sprachregelung: »Preisbewußte deutsche Verbraucher versorgen sich in Słubice mit Waren, die wenig Zoll kosten«; selber erinnere man sich noch an »polnische Hamsterkäufe«. – Zehn Tage vor der Visumfreiheit geben der Regierende Bürgermeister und der Innensenator Berlins Interviews. Es würde gegen »Auswüchse«, die entstehen könnten, »eingeschritten«. Der »Ansturm« dürfe nicht dazu führen, daß öffentliches Straßenland als »Dauerablage für Verpackungsmaterial« benutzt werde. Angekündigt werden »massive Polizeieinsätze, aber nicht, weil einer Pole ist, sondern weil er gegen Vorschriften verstößt«. – Einen Tag vor dem Datum legt die »Berliner Morgenpost« nach: »Verkehrsbehinderungen, Dreck auf den Straßen, Unrat in Hausfluren und Grünanlagen« verbänden die Berliner mit Polen, die nach Berlin kämen. – Wie weit ist es von hier zum Ökofaschismus des ehemaligen Bundesrichters Willms? Es scheint dies die perfideste Variante zu sein, Ausländerbegrenzung zu begründen: »Die auf Dauer angelegte Vermehrung der in der Bundesrepublik lebenden Ausländer von schon jetzt viereinhalb Millionen bedeutet mit dem ihrer Zahl entsprechenden Verbrauch von Energie ein Mehr an

Kraftwerken und zugleich erhöhte Umweltbela-
stung durch auch auf anderen Wegen anfallende
Schadstoffe.« – 15. 4. 91: Der »Ansturm« ist ausge-
blieben. Eine Veränderung des Straßenbilds ist
nicht zu bemerken. – An der deutsch-polnischen
Grenze jedoch sind polnische Bürger angegriffen
worden. Eine Bande hat sich darauf spezialisiert,
Polen auf Autobahnparkplätzen auszurauben.

Seit dem deutschen Rechtsextremismus nicht mehr
der Alt-Nazi-Muff der NPD anhängt und er durch
Leute wie Michael Kühnen aktualisiert worden ist,
steigt auch die Zahl der Veröffentlichungen zu diesem Thema an. Inzwischen ist eine kleine Theorie
des Rechtsextremismus entstanden, die durch fort-
währendes Wiederholen der Lieblingsstandards
zwar einprägsam, aber nicht richtig wird. Die
Rechtsextremismusforschung besteht aus Gemein-
plätzen. Einer ist, daß am gesellschaftlichen Rand
nicht Randgruppenprobleme, sondern Konflikte
der gesellschaftlichen Mitte ausagiert würden.
Richtig, denke ich, aber überlege ich, welche Minderheit *keine* unterdrückte Entsprechung in der
Mehrheit hat, fällt die Schlichtheit dieses Gedan-
kens auf. – Nachdem ich ein halbes Dutzend dieser
Anthologien über Rechtsextremismus gelesen habe

und die Namen der Autoren sowie deren Vokabular
vertraut geworden sind, könnte sich das Gefühl ein-
stellen, mehr über die Sache erfahren zu haben. Je
mehr Aufsätze zum Thema ich jedoch lese, desto
desorientierter werde ich. Das liegt nicht an der
Verschiedenheit der Erklärungsangebote, sondern
an dem Herunterbeten eines einzigen Deutungs-
musters, auf das Soziologen und im sozialen Bereich Arbeitende sich in einer Art stillen Einver-
ständnisses eingepegelt haben. Ich habe das Gefühl,
alle erzählen mir das gleiche. Wenn alle das gleiche
erzählen, wovon schweigen sie dann? – Die Ursachen des Rechtsextremismus beschreibend, beziehen viele der Autoren sich auf Ulrich Becks Buch
»Risikogesellschaft«,[12] speziell auf den Gedanken,
daß der »Modernisierungsschub« der achtziger
Jahre »Modernisierungsverlierer« mitproduziert
habe, die sich durch gesellschaftliche Institutionen
nicht repräsentiert sehen. Sie seien für die Klarhei-
ten rechtsextremer Weltbilder anfällig. Die Moder-
nisierungsschübe betreffen jedoch ganz Westeu-
ropa, wie auch das Problem des Rechtsextremismus.
Hierzulande herrschen noch immer Sonderbedin-
gungen. Die politische Kultur welchen Landes
sonst muß auf diese »Tradition« von Totalitarismus
zurückblicken und ihre Gegenwartsdialoge über
jene Vergangenheit abwickeln? Jedesmal, wenn
hierzulande ein Modernisierungsschub zum Wir-

ken kommt, schließt er die erneute, wenn auch wahrscheinlich verdeckte Auseinandersetzung mit der deutschen Hauptsache ein, der Vergangenheit und ihrer Brisanz in der Gegenwart. – Ebenso stilles Einverständnis der Rechtsextremismusforscher ist die Ausklammerung des Linksextremismus. Läßt die Gewaltakzeptanz der »Autonomen« nicht, seitenverkehrt, ebenso auf ein Weltbild von Ungleichheit schließen?[13]

Die Rechtsextremismusforschung baut auf den Modernisierungsschüben der sechziger und achtziger Jahre auf. In beiden Phasen errangen Rechtsradikale Erfolge bei Wahlen. Keinmal aber finde ich einen Hinweis auf einen Zusammenhang des Sechzigerjahre-Modernisierungsschubs mit zum Beispiel der Apo und dem anschließenden Linksextremismus. Statt dessen wird als Ergebnis des Sechzigerjahreschubs immer nur das Beinaheüberwinden der Fünfprozenthürde durch die NPD angeführt. Das Scheitern am Modernisierungsschub wird in der Rechtsextremismusforschung Rechtsextremen vorbehalten. Eine Erklärung unterschiedlicher Ursachen von Rechts- und Linksextremismus bleibt die Rechtsextremismusforschung allerdings schuldig – obwohl sie unterschiedliche Ursachen voraussetzt, wenn sie nur Rechtsextremismus mit Modernisierungsverlierern in Zusammenhang bringt. –

Auch bei der Rechtsextremismusforschung kommt der Eindruck auf, daß eine Gesinnungsfraktion der *zweiten Generation* sich entlasten will. Warum wird in all den Aufsätzen, die ich lese, nicht ein Zusammenhang zwischen Modernisierungsverlierern und extremistischen Weltbildern überhaupt zu denken gewagt? Sehen nur »Rechte« sich nicht repräsentiert? Schlösse man unsere Linksextremen nun in alle Überlegungen ein, wie es sich gehört, so kommt man hierzulande wieder auf das Verbindende, die alte immer neue, hauptsächliche Frage: Haben wir ein Problem damit, Deutsche zu sein? – Der Vorgang ist unglaublich. Ich bin Deutscher. Meine Eltern waren jugendliche Mitläufer des Nazi-Regimes. Freunde meines Sohnes lassen sich Glatzen »schneiden« und verkleiden ihren sozialen Protest in nationalistische Parolen. Darüber werden Bücher geschrieben, von Deutschen. Doch der deutsche Zusammenhang, der bei keinem anderen Thema so offenkundig ist, wird in diesen Büchern nicht verhandelt. Statt dessen erklären deutsche Soziologen den hiesigen Rechtsextremismus, als hätten sie persönlich mit seinen Überlebenden nie zu tun gehabt.

»Aber Linksextremismus ist etwas anderes als Rechtsextremismus!« – so ein traditioneller Einwand. Die Gleichsetzung der politischen Extreme, so haben wir gelernt, führt zum Ruch einer Verharmlosung der deutschen Barbarei. Erfahrung ist inzwischen, daß die Einmaligkeitsstellung des NS-Regimes dazu führt, anderes Unrecht in Kauf zu nehmen, zu verharmlosen oder zu ignorieren. Die bemerkenswerte Geschichte der Allianzen von Intellektuellen und Diktaturen in diesem Jahrhundert müßte jedes Vertrauen in Ideologien zerstört haben, die Unrecht durch – wenn auch »nur« vorübergehendes – Unrecht beseitigen wollen. Erste Konsequenz könnte sein, den Einwand, Linksextremismus sei unvergleichbar mit Rechtsextremismus, nicht mehr anzuerkennen. Gerade durch solch ein vergleichendes Verbot ist die behauptete Unvergleichbarkeit in sich selbst widerlegt. – Das Vergleichsgebot zwischen linken und rechten Diktaturen ist zwar ein Baustein neokonservativen Denkens. Das Vergleichsverbot allerdings, das bis in die Gegenwart gern behauptet wird, gehört zur standardisierten Selbstentlastung eines »Linken«.

Der vergleichende Hinweis, der deutsche Totalitarismus sei mit einem anderen nicht zu vergleichen, räumt dem Deutschen eine Sonderstellung ein und nimmt sie sogleich wieder zurück. Die Zurücknahme der Sonderstellung besteht darin, daß nach diesem Postulat ehrlich und unideologisch nicht mehr gesprochen werden kann. Die Vergleichsverbieter verbieten in gleichem Zug eine Diskussion über das doch offenbar als Hauptsache akzeptierte Deutsche. Das Bestehen auf der Unvergleichbarkeit totalitärer Regimes mit dem deutschen ist ein Bestehen auf einem Vorurteil zum Deutschen und gleichzeitig eine Verhinderung, die Geschichte der zerrütteten Nation als persönliche, nicht durch Ideologien abgesicherte zu begreifen. – Immer noch scheint für ein Ende des redseligen Schweigens und für Gedanken aus der eigenen Verstrickung mit deutscher Geschichte heraus in dem von Extremisten dominierten Meinungsland kein konkurrenzfähiger Platz vorhanden zu sein. Von wem wäre zu erwarten, dieses idiotische Vorurteilsrecycling zu unterbrechen? Wer stört endlich die Feindbildruhe? Die Erfahrung lehrt, daß es nicht die sind, die sich im Bildungsvorteil sehen. – Die eine Seite will von der anderen nichts wissen. Sie bedienen einander wie die letzten Krieger. Das größte Problem ist, daß durch wechselseitige Denunziation jede Möglichkeit, sich in Andersdenkende hineinzuversetzen, unter Verbot gestellt ist. – Trennen wir uns vom Vergleichsverbot totalitärer Regimes – zumal es oft nur Alibi für die Andienung an ein »besseres« totalitäres Regime gewesen ist.

April 1991. Zum letzten Mal Kellinghusen. Als ich
mit dem Ehepaar, das bei der Recherche behilflich
ist, beieinandersitze, fällt mir ein, daß einen Tag
vorher in Thüringen Michael Kühnen festgenommen und, da haftunfähig, in ein Krankenhaus gebracht worden ist. Mir wäre im Lauf der letzten
Jahre aufgefallen, daß er immer hagerer geworden
sei. – »Soll es doch verrecken, das Schwein«, sagt
mein linksliberaler Gastgeber. Kühnen sei »ein Fall
für die Psychiatrie«, aber im Rechtsstaat sei es leider
schwer, solche Leute »aus dem Verkehr zu ziehen«.
Ich antworte nicht. Die Falle lauert. Er selbst könne
gegen solche Sätze scharf vorgehen, sagt er dann;
ich lasse es. (Was hast du davon, wenn er fort, auf
der imaginären anderen Seite ist, frage ich mich.) –
So lebt das Gespräch wieder auf, und kurz be-
komme ich eine Ahnung davon, was »Bewältigung«
sein könnte: Du versteckst deinen Hirnschrott
nicht, kontrollierst ihn nicht intern, sondern im Gespräch. Du läßt das Verdammte raus und läßt mit dir
verhandeln – wozu der andere freilich dableiben
muß. Und damit überforderst du Ideologen; wenige Einzelne sind es, die das demokratische Prinzip
des Verhandelns überhaupt annehmen, wenn es
ums Deutsche geht. – Eben noch schildert die Frau
die Beteiligung ihres Großvaters am deutschen Ver-
nichtungssystem vor fünfzig Jahren. Von sich selbst
aber sagt die Linksliberale, sie sei Itzehoerin, sie sei

Schleswig-Holsteinerin, sie sei Europäerin und sie sei Weltbürgerin. Als Deutsche fühle sie sich nicht...[14]

Wenn ich gefragt werde, erzähle ich, was ich tue, und manche sagen, daß sie das »wichtig« fänden. Es sind langanhaltende Momente des Staunens, wenn ich, deprimiert von der Kultur der Vorurteile bei den sich für aufgeklärt haltenden Menschen, aus dieser Vorurteilsküche heraus gelobt werde. Manchmal könnte ich wegrennen. Doch ich bleibe und höre, daß es »unheimlich wichtig« sei, mit Skinheads zu sprechen; man wisse so wenig über sie.

Wegrennen könnte ich vor diesem einschnappenden Reflex, die eigenen Unterlassungen anderen als besondere Aktivitäten anzudichten. Ihnen kommt in den Sinn, daß sie sich noch keine Mühe gegeben haben, Rechtsextreme zu verstehen. Und versucht einer, sie zu verstehen, postieren die sich für aufgeklärt haltenden Menschen gleich neben ihm und machen aus eigenen Faulheiten Taten anderer.

»›Alles was Recht ist‹ für ›Alles was rechts ist?‹« – so der tiefschürfende und noch nicht von Demokratie ausgehende Titel der Diskussion in einem Ostberliner Jugendklub. Mit anderen Worten: Gilt das Recht auch für »Rechte«? Es ist März 1990. Frage eines Mannes: Ob es nicht besser wäre, rechtsradikale Parteien *nicht* zu verbieten. Zwar wird dem Mann konzediert, *die* wichtige Frage gestellt zu haben; die Antworten aber sind zögerlich bis abweisend. (»Wie man dagegen angehen kann« ist so eine wie selbstverständliche Formulierung. Daß man Rechtsextremen erst zuhört, bevor man »gegen sie angeht«, auf diese Idee kommen die »Linken« hier nicht. Ihr Weltbild scheint so unerschütterlich zu sein, daß sie längst Bescheid wissen über Nährböden und andere Erdformen, die ihren politischen Gegnern helfen; um dann darüber zu jammern, daß Rechte es verstünden, sich zusammenzuschließen, während Linke sich am liebsten spalteten.) – Zur

Geschichte der Skinheads als anfänglich proletarischer Subkultur zählt immer schon die Verfolgung schwächerer ethnischer Gruppen. Das begann Ende der Sechziger mit dem »Paki-bashing« in England und betraf seitdem Molukken in den Niederlanden ebenso wie Algerier in Frankreich oder Türken in Deutschland, also die Schwächsten der Schwachen, die zudem nicht aus Ländern der weißen Ersten Welt kommen. – Wir brauchen die Staaten der Dritten Welt, aber wir wollen die Menschen nicht hier haben. Wir leben auf Kosten der Dritten Welt und seines Elends, mögen jedoch Menschen von dort, die noch nicht mal das dortige Elend verkörpern, bei uns nicht sehen. Die konsequente Parole solchen global nicht verantwortlichen Handelns heißt »Ausländer raus«. (Das Szenario, das europäische Fernsehanstalten zu einer gemeinsamen Produktion bewogen hat, handelte von über Gibraltar nach Europa einfallenden Afrikanern.) – Auch der Mann im Ostberliner Jugendklub wagt gedanklich diesen Bogen zu spannen. Er wird nicht gehört. Manche hören Gründe für einen Verdacht heraus. Warum spricht einer so? Und hier...

Der negative Nationalismus links hat dem Nationalismus rechts zu seiner Ortung verholfen. Genauer betrachtet borgen beide Gruppierungen mehr oder weniger verdeckt von Ideologien der Ungleichheit.

»Wie im Tausch jeder das Seine bekommt und doch das soziale Unrecht sich dabei ergibt, so ist auch die Reflexionsform der Tauschwirtschaft, die herrschende Vernunft, gerecht, allgemein und doch partikularistisch, das Instrument des Privilegs in der Gleichheit. Ihr präsentiert der Faschist die Rechnung. Er vertritt offen das Partikulare und enthüllt damit die ratio, die zu Unrecht auf ihre Allgemeinheit pocht, als selber begrenzt. Daß dann mit einem Mal die Gescheiten die Dummen sind, überführt die Vernunft ihrer eigenen Unvernunft.« (Horkheimer/Adorno, »Dialektik der Aufklärung«)

1 Das System reagiert. Als bei einer Fernsehdiskussion Punks und Hausbesetzer die Regeln verletzen, indem sie »Vertreter aus Politik, Kultur und Wissenschaft« immer wieder unterbrechen (woraufhin die Sendung gestoppt wird), gibt das Bundesministerium für Jugend, Familie, Frauen und Gesundheit eine Studie in Auftrag, die vom Zentrum für Psychosomatische Medizin der Universität Gießen zwischen 1982 und 1987 durchgeführt wird. – Im Rahmen ihrer »Aktionsforschung« und »teilnehmenden Beobachtung« hat es die Sozialwissenschaftler 1983 in die Berliner Diskothek »Dschungel« verschlagen. Die Beschreibung beginnt mit dem Satz: »Die Grenze war zuerst da. Gesichtskontrolle... Durch kräftigen weiblichen Einsatz und Lippenstift« hineingekommen, »stellen wir schnell unsere bärtigen Hippie-Staturen in die gekachelte Ecke. Nichts Bärtiges sonstwo, freie Gesichter.« Den »freien Gesichtern« ordnen sie sogleich die Funktion zu, die Monroe oder den Elvis kopieren zu sollen. »Fremdheit allerseits; Verfremdung« konstatieren die Hippie-Staturen in der gekachelten Ecke. »In ihrer Flucht aus tristem Alltag benutzen sie die Schablonen der Ersatzwelten... die Monroe könnte nach dem ›Dschungel‹ morgen früh... wieder als Friseuse arbeiten... Offensichtlich haben wir große Schwierigkeiten, uns so recht in diese Jugendlichen einzufühlen – auch hier eine Grenze.« Ende der Aktionsforschung. Noch einmal lese ich den ersten Satz: »Die Grenze war zuerst da.« Was heißt das? Daß der Besuch im Dschungel emotional anders verlaufen wäre, wenn die anderen (wer sonst?) keinen Türsteher beschäftigt hätten? Daß die anderen damit (ätsch!) ange-

fangen haben? – Die Kachelecke, in die die Bärtigen sich
gedrängt fühlen, löst sogleich Schmollwinkel-Phanta-
sien aus, und offenbar nur aus einer Gewohnheit von
Wissenschaft heraus, in der subjektiven Verlorenheit
sich noch für das Ganze zuständig fühlen zu müssen,
stellen sie maßlose Ansprüche an ein Modevölkchen,
das seinen Spaß haben will. »Nirgends ein nicht wieder
zu vertuschender Irokesenlook, es fehlt die Endgültig-
keit.« Sie argwöhnen, daß der Irokese morgen hinterm
Bankschalter steht und daß die Monroe morgen Friseuse
ist; es fehlt ihnen die sichtbare Konsequenz, die ins
Fleisch gestochenen Nieten vielleicht... Der Klappen-
text spricht mehr von den Autoren als vom Gegenstand:
»Die Spannung zwischen Engagement, Ohnmachtser-
fahrungen, Resignation und Gewalt(phantasien) ist ein
gemeinsamer Nenner, der sich durch die untersuchten
jugendlichen Subkulturen zieht.« Dies alles zieht sich
auch durch die Artikel des Buches, ohne daß die Rolle,
die die Soziologen in diesem ihnen fremden Feld spielen
müssen, thematisiert würde. Gerade diese Autoren, die
die Revoltensentimentalität der Achtundsechziger, obwohl sie jünger sind, fortsetzen, sind ohne eine Thema-
tisierung derselben unglaubwürdig. Anstatt zu sagen,
daß sie Punks mal geil fanden, behaupten sie, »es waren
längere Aufenthalte in besetzten Häusern, in alternativen Projekten und bei Gruppen jugendlicher Punks not-
wendig. So wohnten einige Mitglieder der Forschungs-
gruppe vorübergehend in besetzten Häusern, um das
Zusammenleben der dort Wohnenden besser kennenzu-
lernen.« Um *rechtsextreme* Jugendliche »besser kennen-
zulernen«, genügt ein Besuch bei einem Fußballspiel der

Eintracht Frankfurt... Weil es am 1. Mai 1987 in Kreuzberg gekracht hat, fahren die Soziologentouristen am 17. Mai nach Kreuzberg. Die Beschreibung eines Besuchs im Lokal SO 36 verrät ungebrochene Revoltensentimentalität: »Die Menge ergießt sich auf die Straße... Die Geräusche draußen, Polizeisirenen, heulende Motoren, Pfiffe, Steinegerassel, klirrende Scheiben, Schreie und das Rasseln der Ketten der Panzerfahrzeuge lösen die Assoziationen aus: Krieg – Beirut.« Unter Raketenbeschuß gehaltene Wohnviertel und nervös umherkurvende Wannen gehen dem Soziologen, der (hoffentlich) selber mal vor der Polizei wegrennen mußte, hier in eins.

Alle Zitate aus: Bock/Reimitz/Richter/Thiel/Wirth, »Zwischen Resignation und Gewalt«, Opladen, 1989.

2 »Die ›zweite Generation‹ erwartete, daß ihre Eltern gesagt hätten, etwas sei nicht gut gewesen... Diese Eltern, die sozusagen die ›erste Generation‹ bilden, blieben ihren Kindern gegenüber stumm, auch dann, wenn diese sich intensiv mit ihrem eigenen Schicksal und dem ihrer Eltern auseinandersetzten. Eltern blieben in der Regel mehr oder weniger in einer Ideologie befangen, die diesen Krieg ausgelöst hatte. Sie konnten ihren Kindern nicht mehr unbefangen gegenübertreten; denn sie hatten sich im ›Dritten Reich‹ Lebensziele aufoktroyieren lassen, hatten eine Ideologie mitgetragen und waren so in das Scheitern ganz konkret einbezogen.« (Anita Eckstaedt, »Nationalsozialismus in der ›zweiten Generation‹«, Frankfurt/M., 1989, S. 416)

3 »Die ›zweite Generation‹ wird, wenn sie unwissend für sich bleibt, abermals mit der ›dritten Generation‹ verfahren, wie mit ihr verfahren worden ist. Das dann Weitergegebene muß noch unverständlicher sein.« (Anita Eckstaedt, a.a.O., S. 24)

4 »Es ist nicht unwahrscheinlich, daß die völlig uneingeschränkte Verurteilung der Bundesrepublik durch Mitglieder der außerparlamentarischen Opposition, und besonders auch der terroristischen Gruppen, unter anderem mit diesem Ausfall eines positiven nationalen Wir-Bildes zusammenhing: ›Der Staat war für uns‹, erklärt etwa Horst Mahler, ›der absolute Feind.‹ Zusammen mit dem Verschwinden des belasteten Ausdruckes ›Nation‹ – oder gar ›Nationalbewußtsein‹ und ›national‹ – aus dem offenen Sprachgebrauch war auch die Sache aus dem Erfahrungsschatz der jüngeren Generation so gut wie ganz verschwunden.« (Norbert Elias, »Über die Deutschen«, Frankfurt/M., 1984, S. 368 f.)

5 »Politische Konflikte haben gegenwärtig in vieler Hinsicht Funktionen der Sinnstiftung übernommen, die in einer früheren Epoche Religionskämpfe hatten. Die Orientierung innerhalb des vorgegebenen politischen Spektrums, das sich heute – aber gewiß nicht für alle Zeiten – zwischen den beiden letztlich auf Gewaltgebrauch abgestellten Gegenpolen des Kommunismus und Faschismus ausspannt, ist vielleicht mehr als je für breite Kreise zum Zentrum der Weltorientierung geworden.« (Norbert Elias, a.a.O., S. 263 f.)

6 Einer der Redner und Schreiber der *zweiten Generation* ist Peter Schneider. In seinem Text »Das Ende der Befangenheit?« bezeichnet er den »Antifaschismus der Studentenbewegung« als »von unbewußten Entlastungswünschen gelenkt«. »Historisch betrachtet hat die 68er Generation das Verdienst, daß sie nicht nur mit dem politischen, sondern auch mit dem kulturellen Erbe des Nazi-Faschismus gebrochen hat: speziell mit der Kultur des Gehorsams.« Schneider schreibt, daß der Begriff Faschismus nach dem Krieg am seltensten auf jene zwölf Jahre angewandt, dafür aber als Denunziationsmittel des politischen Gegners instrumentalisiert wurde. Und: »Daß die 68er Generation diesen Begriff mit größerem historischen Recht mißbrauchte als Helmut Kohl und seine Freunde, steht für mich fest.« – Im ersten Zitat ist von einem »historischen Verdienst«, im zweiten von einem »historischen Recht« seiner Generation die Rede (einen »Begriff mit größerem historischen Recht mißbraucht«...). Einige Seiten weiter weist Schneider auf das Buch »LTI« von Viktor Klemperer hin. In diesem Buch stehen einige Sätze über den inflationären Gebrauch des Wörtchens »historisch« in der Sprache des Dritten Reiches. Zuletzt heißt es: »Man kann ihm gar nicht Schonung genug angedeihen lassen, wenn es sich erholen soll.« – Peter Schneider zeichnet den Schatten des Dritten Reiches bis in die späten achtziger Jahre nach, alles Gerede von »Gnade« wird Lügen gestraft, und es wird Befangenheit bis in diese Zeit hinein attestiert. Wieder aber setzt der Reflex ein, die eigene Generation zwischen Generationen von Schuldigen und Schweigenden freizusprechen im Sinne eines »größeren

historischen Rechts«, mit dem man einen Begriff mißbraucht... Zitiert nach: Peter Schneider, »Deutsche
Ängste«, Darmstadt, 1988, S. 72 ff., sowie: Victor Klemperer, »LTI«, Darmstadt, 1966, S. 54.

7 In Kellinghusen begegnete ich einem Lehrer, Mitte Vierzig, Bildungserlebnis 1968, der nach wenigen Minuten
erzählte, sein Vater sei bei der Waffen-SS gewesen. Er
sagte dies ungefragt und so knapp und klar, wie das bisher
nur ein mir bekannter ehemaliger Bediensteter der Waffen-SS gesagt hat. Den zweiten Hinweis auf Gemeinsa-
mes mit dem Waffen-SS-Mann, den ich kenne, gab der
Lehrer, als er von seiner Magenkrankheit erzählte. Beider Typ: massige Statur, aufbrausend, herrschsüchtig,
magenkrank, manchmal sentimental. Am liebsten erzählte der Lehrer von Situationen, in denen ihm Skinheads gegenüber beinahe die Hand ausgerutscht wäre.
Die Erzählungen waren so angelegt, daß er das moralische Recht gehabt hätte. Ohne es auszusprechen, plä-
dierte er für die Wiedereinführung der Prügelstrafe an
Schulen. In einer Person saßen mir auf die unglaubwür-
digste und wirklichste Weise zwei Männer gegenüber:
der mir bekannte ehemalige Bedienstete der Waffen-SS
und der, wenn auch mit anderen Inhalten beschäftigte,
ganz nach dem Vater geratene Sohn.

8 Zitiert nach: Eberwein/Drexler, »Skinheads in Deutschland«, Hannover und München, 1987, S. 45.
    Nach den Wahlerfolgen der »Republikaner« rechnet
der Pädagoge und Schriftsteller Jochen Köhler mit den
Deformationen nach zwanzig Jahren »linker Pädago-

gik« ab: »Wir kommen keineswegs mehr daran vorbei, die Phänomene sich entwickelnden Rechtsextremismus unter unseren Kindern und unter den jetzt erwachsenen Menschen, die vor kurzem unsere Schüler waren, auf die eigene Kappe zu nehmen.« Köhlers Text ist eine Abrechnung mit dem »ritualisierten Antifaschismus« seiner »linken« Lehrer-Kollegen. Der Text legt bloß, was man seitenverkehrte Wiederholung oder kontrastierende Imitation (zweier Generationen) nennen kann. »Wir sind ja eigentlich weniger enttäuscht als beschädigt«, schreibt Köhler. Gnadenlos schätzt er den Schaden: »Viel Anteil haben die Schulen selbst: frühe erzieherisch überflüssige Ausgrenzung und Etikettierung, wenig Eingehen auf die Interessenlage und lebensalter-eigene Motive, kaum Orientierungshilfen durch friedliches, relativ druckfreies Milieu usw. Ich denke, das können wir alles gut verstehen, es handelt sich ja im Grunde um Phänomene, die wir unter umgekehrten Vorzeichen aus eigener Erfahrung wiedererkennen, die Geschichte der angstvollen Person, ihrer besonderen Sensibilität und Glaubenssehnsucht, und die Extremismusfalle der Erwachsenen, die sich gestört fühlen, aber blind sind!« – »Die Erkennungszeichen und Kommunikationssysteme der Linken, besonders ihr Jargon, aber auch die Kleiderordnung, natürlich die vulgär-marxistischen Denkmuster, das rhetorisch effektvolle Theaterspiel mit dem Wechsel von Sachkälte, Neuer Lustigkeit und Wutausbruch, und der die Termine für ›riot‹, antifaschistische Mahnwachen und Schulungsexerzitien regelnde Veranstaltungskalender, dazu die täglich entlastenden unsauberen Begriffe wie die darauf aufgebauten Lügen und daraus abgeleiteten Selbstverwirklichungsrechte usw.: alle diese schlimmen Sitten, die blind machen gegen die Wirklichkeit und den Dialog mit Andersdenkenden verhindern, sind Elemente des Verhaltens verschworener Gemeinschaften.« – »Die ›pädagogischen Omnipotenzphantasien‹ der 68er, der Lehrer, der Wissenschaftler und der Studenten, hatten nie die eigentlich phantastische Eigenschaft ungebundenen, freien Nachdenkens, ihre Omnipotenz bezogen sie eher aus expansiver flächendeckender Systematik... Diese Phantasien bezogen omnipotente Ansprüche weniger aus dem Übermut oder jugendlicher Ignoranz, eher aus der Glaubensbereitschaft... nach dem Himmel auf Erden... Und schließlich hatten diese Phantasien nur in Einzelfällen die Chance, in der Auseinandersetzung zum pädagogischen Konzept zu reifen. Im allgemeinen versickerten sie entweder in den notwendigen Taktiken der Verteidigung gegen politische Disziplinierung, in der Argumentation wurden sie zum Schlagwort, und vor den Berufsverbotsgerichten verwandelten sie sich zur Entschuldigung. Oder sie wurden in der freiwilligen Unterordnung unter die marxistischen Dogmen immer wieder ›zurückgestellt‹ oder zu bündnispolitischen Angeboten vermanscht, das heißt: im Zuge der Selbstzertrümmerung der Persönlichkeiten und ihrer vielfältigen Interessen wurde der pädagogische Gedankenreichtum instrumentalisiert und mitzertrümmert. Die auf die Arbeit mit Kindern bezogenen Phantasien gingen mitsamt ihren hohen Ansprüchen verloren, und ein mageres politisches und sozialisationstechnisches Kampfwissen und seine verschiedenen, intern bis aufs Messer umkämpften Ausdrucksformen traten an die Stelle von Wunsch und Einbildungskraft. Das wurde zwar oft und früh schon als Nachteil empfunden. Aber was war das schon gegenüber dem Glück der Vereinszugehörigkeit, der aufregend instabilen Solidarität der Kampfgemeinschaft, und nicht zuletzt dem Vorteil der Rechtsschutzversicherung der GEW, die die Prozeßkosten garantierte.« – »Was bleibt, ist das Dilemma, daß man das verknöcherte Kampfwissen nicht einfach ablegen kann wie eine unverbindliche Phantasie, wenn sie sich als Illusion herausgestellt hat... Unter den generationsmäßig vereinsamenden Berufskollegen grassiert die Neue Lustigkeit, und die Schnapsflasche, und außerdem geht die Angst um: Arbeitsangst, Konsumangst, Verkehrsangst, Männer- und Frauenangst, Kriegsangst, Umweltangst, die Angst vorm Alter und vor Kindern. In immer weniger Lehrerzimmern besteht die Möglichkeit des Dialogs, aber Hochbetrieb ist bei Therapeuten und in der ›Bewegungsetage‹ der ›Schokoladenfabrik‹.« (Zitiert nach dem Manuskript des Vortrags)

9 Besonders die *zweite Generation* hat sich nicht damit abfinden wollen, daß eine rechtsradikale Partei Wähler an sich zieht. Seit 1980 ist bekannt, daß in der »alten Bundesrepublik« 15% der Wähler ein geschlossenes rechtsextremes Weltbild haben. – Auch die Rechte hat die Flexibilität des Systems verstanden, indem manche sich als »nationale Demokraten« bezeichnen. Sie nehmen von rechtsextremen Thesen einen demokratischen Fußbreit Abstand. So werden sie erstens von breiteren Kreisen akzeptiert. Zweitens läuft der Neofaschismus-

Vorwurf ins Leere. Diese Rolle versuchten die »Republikaner« zu spielen. Ihre Hoffnung war, Sammelbecken der konservativen Unzufriedenen zu werden. – Antifaschistische Keulen treffen hier nicht. Es müßte argumentiert werden. Es müßte über den Unterschied zwischen dem »Ausländer-Raus« und der »gesetzlichen Ausländerbegrenzung« diskutiert werden. Man müßte seine Vorurteile vergessen, wozu man wiederum das Vorurteil überwinden müßte, Diskussionen mit Rechten würden nur Rechten nützen. Warum so wenig Selbstvertrauen? Man *muß* mit ihnen reden, wenn sie, gewählt, Menschen repräsentieren, die protestieren. Soll man Protestierende ausgrenzen, bevor man ihnen zugehört hat? Sicher haben die meisten, die die »Republikaner« verboten sehen wollen, früher selbst Diskriminierung erfahren, noch bevor sie ausreden konnten. Wie heißt es im Deutschen: »Mit gleicher Münze heimzahlen.« Am linken Rand des Parteienspektrums haben die »Grünen« die Flexibilität des Systems genutzt und sind als demokratische Partei hinzugekommen. Wogegen wird eigentlich protestiert, wenn eine rechte Partei demokratiefähig werden will?

Im Januar 1989 erreichten die »Republikaner« in West-Berlin 90 000 Stimmen, 7,5 Prozent. *Schlimm* war das Wort, das als kleinsten gemeinsamen Nenner die darauf Angesprochenen zur Verfügung hatten. Wer nicht nach den »Republikanern« gefragt wurde, redete auch über sie. Vorübergehend war rechts das Zentrum – auch weil jeder, der im TV den Mund aufmachte, die Gelegenheit nutzte, um seinen antifaschistischen Persönlichkeitsteil ins Bild zu setzen. – Für die Stützen der

Gesellschaft müssen die Verhältnisse berechenbar sein. Eine wichtige Stütze des Ganzen, die Gesellschaftskritiker, sind für die Karriere ihrer Kritik ebenso an stabilen Verhältnissen interessiert. Wie verhält sich der Gesellschaftskritiker der *zweiten Generation*, wenn die Verhältnisse instabil werden? – *Vorher* ist der G-Kritiker ahnungslos. Trotzdem ist der Ausgang der Wahl ihm lange schon bekannt gewesen. Unter dem Titel »Wir haben keine Wahl« (viel Anspielung und keine Ahnung – solide G-Kritik) behauptet Erika Brettschneider-Bass zwei Wochen vor der Wahl, daß sich »der Bestätigungsritus der festgeschriebenen Machtverhältnisse« zum dritten Mal wiederholen werde, da der Senat trotz aller Skandale, neben einer schwachen Opposition, »fester im Sattel denn je« sitze und »dank der Perspektive der Kulturinszenierungen der nächsten zwei Jahre wie ein Phönix aus der Asche stieg«. Die auktoriale G-Kritikerin liefert eine komplette Fehleinschätzung der Situation (Abt. keine Ahnung) und endet mit einem notorisch-jeremiadesken Kulturkritik-Ausweis (Abt. viel Anspielung): »Mit ... ähnlicher Stimmenverteilung wird die ... alte Machtverteilung bestätigt werden.« Die »Perspektive der Kulturinszenierung« mag die »Zitty«-Kolumnistin angetörnt haben, auf Freikarte, aber weil Kultur mehr mit Wohnungsbau als mit Inszenierungen von Wohnungsbau zu tun hat, wurde dem Kulturkult der »Bestätigungsritus« verweigert. Sorry, Erika. – *Vorher* ist der G-Kritiker ahnungslos. *Gleich danach* ist er sturzbetroffen. Die zu kritisierenden Verhältnisse – der Boden, auf dem er steht – sind nicht mehr stabil, die eigene Haltung bedarf der Anpassung. G-Kritiker Tho-

mas Brasch wählt noch in der Wahlnacht die Überschrift
»Heil Hitler, Berlin« für einen Kommentar, der Beleg
für einen außerordentlichen Rückstand im politischen
Orientierungslauf der G-Kritik ist. Als erster Impuls
auf die neuen Verhältnisse wird der Amoklauf vorge-
spielt: »Gesindel hat Gesindel gewählt.« – »Wer eigentlich will einen solchen Dreckhaufen?« – »Wer den Deutschen die Wahl läßt, ist ein Verbrecher.« Auch dieser G-
Kritiker, allerdings nach der Wahl, liefert eine Prognose
als Fehleinschätzung. Wieder treffen Anspielungskunst
und Ahnungslosigkeit dumpf aufeinander: »Die Hure
SPD wird sich mit dem Zuhälter CDU zusammentun,
damit die Kasse stimmt.« Sorry, Thomas. – *Danach* ist
der G-Kritiker beleidigt. Der Talkshowmoderator und
G-Kritiker der *ersten Generation* Wolfgang Menge weigert sich, in seiner Funktion als Talkmaster mit dem
»Republikaner« Carsten Pagel zu sprechen, und verläßt
das Studio während der Sendung. Mit Pagel und Hein-
rich Lummer zusammen sitzt dann ein Moderator, der
durch sein »linkes« Faxentum zwar manche Lacher ern-
tet (Abt. viel Anspielung), den beiden Politikern aber
hoffnungslos unterlegen ist, so daß er Lummers einge-
schobene Falschinformation nicht bemerkt (Abt. keine
Ahnung). Gesinnung geht diesem Moderator vor Denken, und nach einer Viertelstunde ist er ein lästiger
Stichler für viele in der Runde, nicht nur für Lummer
und Pagel (denen kommt er eher gelegen). Die dritte
Moderatorin hat sich vor diesem Gespräch mit einem
Mikrophon vom Tisch weg zu den Zuschauern hin ver-
drückt.

Auffällig, wie selbstgefällig und dickbäuchig eine be-

stimmte Pose von G-Kritikern der *zweiten Generation*
geradezu gesucht wird. Zwei Tage nach der Wahl geben
die »Berliner Filmfestspiele« eine Pressekonferenz, und
die »Tageszeitung« berichtet darüber: Moritz de Hadeln
und Ulrich Gregor »haben ein Jubiläum zu feiern, seit
10 Jahren machen sie Filmfestival. Was sie verbinde, so
de Hadeln, sei die Liebe zum Kino und ihre antifaschistische Haltung. De Hadeln macht keinen Hehl daraus,
was er vom Einzug der Republikaner ins Abgeordne-
tenhaus hält... Ob es Filme geben werde, mit denen
man diese Herren, die da jetzt wohl ins Abgeordneten-
haus einziehen werden, ärgern könne. ›Ich hoffe‹, so de
Hadeln, ›jeder Film, den wir zeigen, ärgert sie.‹«

Schülerbandenmentalität, Gesprächsverweigerung,
Amoklauf sind die ersten Einlassungen der G-Kritik zur
neuen Lage. Der verklemmte Umgang mit dem ge-
wöhnlichen Nationalismus ist auch daran zu erkennen,
wie manche nicht wagen, die »Republikaner« bei ihrem
Namen zu nennen. »Diese Partei, die« oder »REP« als
starres artikel- und geschlechtsloses Kürzel geht ihnen
leichter über die Lippen. Und wenn der »Grüne« Udo
Knapp von einer »demokratischen Erneuerung« und
»Normalisierung« im Zusammenhang mit den »Republikanern« spricht, steht er für die Antifa-Fraktion unter Fa-Verdacht.

Von der G-Kritik, so die Botschaft dieser neunzigtausend Wähler, werden die gesellschaftlichen Probleme
nicht nur nicht gelöst, sondern nicht einmal mehr beschrieben. Wenn ein Bewohner der Gropiusstadt die
Probleme beschreibt, die beim Zusammenleben verschiedener Nationalitäten entstehen, und wenn sein Ab-

geordneter die »Ausländerproblematik« beschreibt, dann sprechen sie von verschiedenen Dingen. Die »Verkürzung der Verfahrensdauer« oder die »sofortige Abschiebung« oder die »Grundgesetzänderung« beschreiben nicht das Problem, daß nach den Schulen nun auch die Kindergärten feste Polizeiwachen brauchen. – Strategie der »Republikaner« ist, sichtbar zu machen, daß sie die Probleme kennen. Sie vermeiden bewußt, abstrakt davon zu sprechen. Vielmehr machen sie sich durch Hinweise auf benennbare Probleme verständlich. Anders als ihre Gegner weigern sie sich, die Beschreibung von Problemen und die Lösungsmöglichkeiten auf der Ebene von Gesinnung auszutragen. Schon durch diese Anstrengung unterscheiden sie sich von den anderen Parteien und erscheinen durchaus als Teilhaber an der Gesellschaftskritik, da sie die Probleme immerhin zu beschreiben in der Lage sind. Die »Republikaner« bringen es populistisch wirksam fertig, Gesellschaftskritik auf die Ebene der Zustände, ohne Analyse, hinunterzuschrauben, weil die Analysen nicht geholfen zu haben scheinen und bei aller Analyse die direkte Ansicht der Probleme verlorengegangen zu sein scheint oder ist. Anstatt diese Primitivierung von Gesellschaftskritik zu bekämpfen, entlarven sich mehr und mehr als G-Kritiker Ausgewiesene als nicht minder primitiv, wenn sie auf der von ihren Gegnern diktierten Ebene die Gesinnungskeule schwingen. Die Reaktionen auf die »Republikaner« erzählen von den Projektionen der Reagierenden und sind sich darin ähnlich, daß sie Gesinnungsselbstbestätigung suchen und nichts zur Sache, zu neunzigtausend protestierenden Wählern, sagen.

10 Farin/Seidel-Pielen, »Krieg in den Städten«, Berlin 1991, S. 28 f.

11 Farin/Seidel-Pielen, a. a. O., S. 56.

12 Ulrich Beck, »Risikogesellschaft«, Frankfurt/M. 1986.

13 So wie Skinheads im rechten Spektrum sind militante Autonome im linken Spektrum jene, die das sagen oder tun, was viele denken und sich nicht zu sagen oder tun trauen. Es wird nicht nur nicht mit Rechten oder Skinheads gesprochen, es wird versucht, jedes geplante Gespräch zu verhindern. So ist wohl ein Veranstaltungshinweis aus der Taz zu erklären, der so zu lesen ist:
»19.00 Verschiedene ›Promis‹ aus dem Reformerspektrum wollen auf einer Podiumsveranstaltung mit zwei Führern der faschistischen NA diskutieren. Sie sagen, die Faschisten sind eingeladen, um sie zu ›entlarven‹ – aber tatsächlich hat der NA-Auftritt die Funktion, sie ›salonfähig‹ zu machen. Es kann und darf kein Forum für Nazis geben! Kein Fußbreit den Faschisten! Ort: . . .«
Die Veranstaltung hat nicht stattgefunden, weil Westberliner Antifaschistendarsteller gedroht haben, den Saal aufzumischen.
»Promis« und »Reformer« wollen »Faschisten« (3 x) und »Nazis« (1 x) »salonfähig« machen. Wie eine Kampfansage klingt, den zuverlässig-konträren Partner aus dem Denunziationsspiel nehmen und in die Diskussion heben zu wollen. Das »kann und darf« nicht sein. Folglich wird zum Feind, wer die Feindbildruhe stört: die Vermittler.

In Berlin gibt es ein *Antifa-Info-Telephon* (»Bündnis gegen Faschismus, Rassismus und Sexismus«), dem man »faschistische Umtriebe« melden soll. Das sind: »Bedrohungen durch Faschos oder Skins, rassistische oder sexistische Übergriffe durch Polizei, Vermieter usw.« – Am 20. April 1989 zogen bewaffnete Antifaschistendarsteller (die letzten Führergeburtstagsgläubigen – zehn Tage, bevor die Datumsgläubigen des 1. Mai aus den schwäbischen und fränkischen Landkreisen nach Berlin kamen) durch Kreuzberg und suchten – vergeblich – feiernde Nazis, wurden jedoch selbst von Zivilstreifen entdeckt. – Nachdem sich eines Juniabends 1989 herumgesprochen hatte, daß in der Kreuzberger Diskothek »Basement« Skins sein sollten (an einem Ska-Abend!), verbarrikadierten Antifaschistendarsteller den Notausgang der Diskothek, stürmten in den Laden und schlugen kurz und klein, was ihnen vor die Baseballschläger kam. – Im Juli 1989, während einer Demonstration gegen den Parteitag der »Republikaner«, haben Frauen aus dem *Antifa-Bündnis* versucht, ihre vermummten Freunde zu entwaffnen. »Die Typen gingen dann direkt auf uns los, haben uns als Faschisten beschimpft . . . und uns gesagt, wenn wir uns in den Weg stellen, sind wir so drauf wie Bullen.« Im August 1989 geben diese Frauen aus dem »Bündnis gegen Faschismus, Rassismus und Sexismus« der Taz unter falschen Namen ein Interview. Sie haben Angst vor ihren Leuten. – Der Antifa-Ausweis ist die Fa-Bezichtigung.

In der Zeit um 1980 hat fast jede Jugendströmung von irgendeiner Ungleichheitsideologie geborgt, sie waren *Mode.* Was an Subkultur entstanden ist, waren Alternativen zur sozialdemokratisch regierten Gesellschaft. Das langhaarig-vollbärtige Toleranz- und Harmonie-Ideal der *zweiten Generation* ödete einen inzwischen an, zu viele öffentliche Plätze waren mit diesen Gestalten besetzt. Die *dritte Generation* wollte nicht im Hängemattenasyl groß werden, konnte es vielleicht, wegen des Modernisierungsschubs, auch nicht, und grenzte alles aus, was nicht modern war. Die Ausgrenzung geschah nicht über Diskussion, sondern über Denunziation. Die *zweite Generation* wurde nicht inhaltlich, sondern ästhetisch bekämpft. Man sagte nicht, man habe was gegen Kommunismus, sondern man habe was gegen lange Bärte und finde Stalin gut. Gegen das Gleichheitsgebot der *zweiten Generation* wurde oft eine Ungleichheitsbehauptung gesetzt – um zu schockieren. Auch dies ein Beispiel für die Notwehr der *dritten Generation* als der jüngeren, konservativ-reaktionäre Formen und Muster zu behaupten angesichts der Umzingelung durch Harmonieangebote. Ungleichheit war Mode, und die Mode war eine der Ungleichheit. Es war eine Mode der reaktionären Kraftposen als Antwort auf fortschrittliche Schwächlinge. Die *dritte Generation* hatte das Siezen wiedereingeführt als Reaktion auf das Duzen der *zweiten Generation*. (Wie oft mir passiert, daß zehn Jahre Ältere mich duzen wollen, manchmal gar nicht anders können...) Es waren ja nicht Rechtsextreme, die sich totalitär gegen die jungen Erwachsenen der siebziger Jahre auflehnten. Es waren die Jugendlichen der achtziger Jahre, die wußten, daß die Paradigmen der *zweiten Generation* für sie nicht mehr oder nur noch in der Negation zählen würden. Die *dritte Generation* mußte in der Unterscheidung zur *zweiten* ihre Identität finden. So wie alle vor ihr. Nichts weiter. Neue Väter braucht das Land.

14 »Die Tilgung der Erinnerung ist eher eine Leistung des allzu wachen Bewußtseins als dessen Schwäche gegenüber der Übermacht unbewußter Prozesse. Im Vergessen des kaum Vergangenen klingt die Wut mit, daß man, was alle wissen, sich selbst ausreden muß, ehe man es den anderen ausreden kann.« (Adorno, »Erziehung zur Mündigkeit«)

5

Berlin durchläuft die Geschichte der neunziger Jahre, wie üblich, im Schnellauf und vorher. Unmöglich weiterzumachen, als wäre nichts Besonderes geschehen. Sitze mit dem anfangs übersichtlichen Thema mitten in der neudeutschen Unübersichtlichkeit.

Ich verglich die Weltstädte mit dieser ehemaligen Halbstadt und schien in ein Dorf, nach Bad Berlin wiederzukehren, der stillsten der großen Städte, verschont vom Durchgangsverkehr und ohne erwähnenswerte Dichte. West-Berlin war nicht die Stadt, die mit Modernität, sondern mit Rückständigkeit, weniger mit Geschwindigkeit als mit Betulichkeit faszinierte. Die Stadt schrie nicht, sie flüsterte; zog dich nicht in sich hinein. Sie strahlte allein dadurch, daß es sie gab, wie es sie gab: geschlossen. Verschluckt werden kannst du in den Tokioter Subnades oder in den Vierzigerstraßen von Manhattan oder in jedem zweiten Barrio Südamerikas, selbst im alten Paris – West-Berlin war ohne Schlund. Manchmal diese von Touristen erzeugte Fülle, und die Gäste sahen ihre von Gästen gefüllte Stadt. – Das große Berlin weist dem einzelnen kleinere Räume zu. Erneut muß jeder seinen Platz finden. Und halten und ausbauen. Vorbei leerer Gehweg, leere Straße, vorbei Sitzplatz in der U-Bahn, unbehelligter Gang, Blick ins Weite. Es wurde gerempelt, gestoßen und geschnitten. Anfangs lag die Angst vor allem Fremden offen. Der kalte Krieg war zwar vorbei. Der Frieden aber auch. Ein Menschenleben weniger wert. Die Schwächsten erkennen noch Schwächere und vertreiben sie. – Das neue Berlin ist wie das alte Berlin und das alte West-Berlin und das alte Ost-Berlin erneut in einer Sonderlage; wieder in einer neuen.

Als müßte man, als die Stadt offen ist, wütend sein auf was. Als wäre ein alter Haß so eingemauert gewesen wie die Halbstadt ehemals in dem Halbland. Als wäre die Ankunft der Fremden aus dem Osten der Anlaß gewesen, diesen Haß hinauszulassen. Fremde konnten machen, was sie wollten, sie machten etwas falsch. Taten sie das Normalste, Einkaufen, nervten sie. Weil sie einkaufen wie andere. Weil sie das nackte Habenwollen zeigen, das wir längst zu verdecken gelernt oder nicht mehr nötig haben. Bald hatte jeder seine anderen. Deutsche schießen nicht mehr auf Deutsche. – Eine Rumänin, mit sicherem Gang und offener Hand, rückt an zwei deutsche Frauen heran. »Muß denn so was sein?« fragt eine die andere die einzig gültige Frage. Aber nicht, um Antwort zu erhalten, sondern um den Übergang zu finden zum Thema Dreck und Deutsch und Sauberkeit. Und nichts wäre mehr wie früher, sagt eine zur andern, die andere nickt. Was einem zu der Frage, ob Rumäninnen hier sein müssen, alles einfallen könnte. – Ich sitze im Taxi und bin gesprächig. Aber der Fahrer antwortet nicht. Erst beim Bezahlen, als er sich umdreht und mir sogleich fest in die Augen schaut, sagt er: »Wissen Sie, ich sage gar nichts mehr. Die fangen alle ganz harmlos an. Paßt ihnen was nicht, dann bin ich ihr Jude. Ich bin Araber, das war hier nie ein Problem. Jetzt ist es eines. Ich fahre seit fünfzehn Jahren. Seit einem halben Jahr sage ich nichts mehr, wenn Fahrgäste mich ansprechen.« – Wieder auf dem Gehweg, raunzt eine Frau ihren Jungen an, der vor den Auslagen eines Elektronikgeschäfts steht und staunt: »Komm jetzt, wir koofen doch nich bei Polen!« – In einem S-Bahn-Zug Richtung Osten habe ich bei einer Gruppe Vietnamesen gesessen, die mit sechs hellbraunen Kartons eingestiegen waren. Ich ärgerte mich; ärgerte mich sogleich darüber, daß mich etwas störte; daß ich mich ärgerte. Über die hohen Stimmchen. Sie kratzten in meinen Ohren, in meinem Kopf. Am Bahnhof Friedrichstraße war ich sie los. Bis dorthin war ich der gewesen, der Fremde wie sie mit dem Normalunwillen eines Heimischen anschauen konnte. Ab Friedrichstraße wurde ich so betrachtet, wie ich die Vietnamesen angeschaut hatte. Hier war *ich* der Fremde. Ich fand mein Jakkett einen Tick zu chic. Ich hatte gar nichts dagegen, mich zu zeigen, wie ich war, und zu kleiden, wie ich es tat, doch schien es nicht erwünscht, weil fremd zu sein. Und nicht erwünscht zu sein, wollte ich auch nicht spüren müssen, wie die Vietnamesen vielleicht... – Es wurden so viele dieser hellbraunen Kartons abgesetzt, daß man sie vor den Läden von Paletten weg verkaufte. Täglich kam ich durch solch ein Gebiet und bemerkte eines Tages eine erst leise, dann meine ganze Wahrnehmungsbereitschaft einnehmende Ungeduld, die mich nur ungeduldiger machte. Einmal wollte ich partout geradeaus gehen, als zwei Männer mit dunkelgrauer Gesichtsfarbe, jeder mit einem hellbraunen Karton auf der Schulter, von einem der Läden zu ihrem in der zweiten Reihe geparkten Wagen wankten. Wie doof ich mir vorkam, nachdem ich nicht ausgewichen war, sondern gerempelt hatte. Nie vorher diese kalt brennende Lust, unterwegs jemandem, der mir nicht in den Kram paßt, gegen das Schienbein zu treten oder mit der Faust ins Gesicht zu schlagen. – Die Ströme ließen nach. Es waren Vorboten.

20. April 1990. Habe von dem Fußballspiel Hansa Rostock gegen FC Berlin durch eine Meldung der Westberliner »BZ« erfahren, die als »Treppenwitz«

bezeichnet, daß es zwei Stunden vorverlegt wird.
Begründung der Veranstalter: Beim vorgezogenen
Spielbeginn sei der Berlin-Aufenthalt der Rostok-
ker Fans wegen des Zuganschlusses kürzer. Die
Meldung also war: Im Jahn-Sportpark werden Ausschreitungen erwartet. – Knapp dreitausend Menschen sind im Stadion, dreihundert Fans aus Rostock im für andere unzugänglichen Extrablock,
über tausend Fans, Skins und Hools aus Berlin und
etwas über tausend gewöhnliche Zuschauer. Manche Berliner Fans maulen darüber, daß sie an diesem
Tag keinen geschlossenen Block bilden wie sonst.
Die Polizei ist mit zweihundert Männern und
zwanzig Hunden dabei. – »Igitt, wie kann man sich
denn für Fußball interessieren«, ist hier nicht nur
kokett gesagt. Das Stadion ist weniger Ort des
Spiels zweier Mannschaften als Ort der Zuschauer,
für die der Spieltermin Anlaß ist, selbst zu spielen,
was zu einem Spiel ohne Spielregel führen muß, jedenfalls im Verhältnis zu dem Spiel auf dem Rasen.
Es kommt zu unkontrollierbaren Spielen. Die Be-
wegungen auf den Rängen sind abwechslungsrei-
cher und unberechenbarer als die auf dem Rasen.
Das Spielfeld ist nicht mehr dort, wo wir das Spielfeld vermuten (wie wenn man Rockkonzerte anfangs nur so erleben kann und will, daß man zwei
Stunden lang auf die Bühne schaut und versucht,
jeden Ton zu hören, jede Bewegung zu sehen; und

Rockkonzerte später oft nur noch Anlaß sind, an der Theke dort vier Bier zu trinken und paar Leute zu treffen, die an einem vorübergehen; die Musik hört man ja sowieso). Wie es auf dem Spielfeld aussieht, kriegt man sowieso mit. Aber hier kann man denen aus der anderen Stadt zurufen: »Wir! Kriegen! Euch! Alle!« Und dann: »Nazis raus, Nazis raus, aber Faschismus ist in Ordnung.« – Zehn Minuten vor Spielende wieder ein Ereignis im Stadion. Gleichzeitig bewegen die verteilt sitzenden Berliner Fans sich den Ausgängen entgegen und beginnen die »dritte Halbzeit«. Sekunden später zieht ein Teil der Rostocker Fans ab. Vier Busse warten, um sie zum Bahnhof Lichtenberg zu bringen. Die Fahrt dorthin führt Schönhauser Ecke Dimitroff durch einen Pflastersteinhagel, dem keine Busscheibe standhält. Nächster Sammelpunkt der DDR-Rebellen ist ein von »Linken« besetztes Haus, vor dem die Polizei bereits wartet. Die drei- bis vierhundert Jugendlichen werden in die Innenstadt getrieben. – Mit ihrer Ankunft am Alexanderplatz beginnen die meisten Zeitungsberichte über den 20. April 1990. Dort macht eine Skinheadgruppe ein als Schwulentreff bekanntes kleines Café »platt«. Ihre Wirkung und den Schrecken, den sie verbreiten, genießend, ziehen Hunderte junger Männer mehrmals geschlossen vom Alexanderplatz weg, um durch andere Zugänge, »Sieg Heil« rufend, wieder auf den

Platz zu stürmen; um zu sehen und zu genießen, wie die gesamte Platzchoreographie sich nach der ihren richtet. Schließlich kesseln Polizisten sie ein und drängen sie von der Bühne. – Die »Tageszeitung« setzt ihren Bericht über die Freitagsereignisse am Montag auf die erste Seite unter dem Titel »Rechtsradikale Randale«. Der Text ist durchsetzt mit den Sprachinstrumenten von Ausgrenzung, Vorurteil und Ressentiment. »Rechtsradikale Skinheads«, »herumpöbelnde Skinheads«, »die Bomberjacken«, »die Glatzen« – Klischees, die der einfachen Anschauung nicht standhalten. Keinesfalls bestimmten Glatzen oder Bomberjacken das Bild der Jugendlichen, die vom Fußballspiel gekommen waren. Die dogmatische Kleiderordnung gibt es nur noch in den Köpfen ihrer Gegner. Der Begriff *Hooligans* kommt zu dieser Zeit noch nicht vor. – Fünf Wochen später, nach dem letzten Heimspiel des Ex-Stasi-Klubs BFC Dynamo Berlin in jener Saison ziehen die Fans, jeder weiß es, zum Alexanderplatz. Längst warten dort Journalisten, um das Ritual zu beobachten. Die etwa dreihundert Jugendlichen bilden dort ein von oben gesehen fünfzig mal fünfzig Meter großes »lebendes« Hakenkreuz. Die, die im Laufe ihrer antifaschistischen Erziehung einmal gelernt haben, ein »lebendes Bild« herzustellen, wissen, daß man lange üben muß. Groß sind Wundern und Staunen. – 18. März 1991.

Das Rückspiel. dpa berichtet von einer zehnstündi-
gen Straßenschlacht Berliner Hools mit Polizisten,
obwohl die Berliner keine zehn Stunden in Rostock
gewesen sind. Berliner Fans, die mit einem vom FC
gecharterten Zug nach Rostock fahren, kommen
dort drei Stunden vor Spielbeginn vor dem ver-
schlossenen Stadion an. Ohne Ankündigung ist der
Eintrittspreis von sechs auf neun Mark erhöht worden. Von dreihundert angebotenen Karten zu diesem Preis kaufen die Berliner keine einzige. Statt
dessen stürmen einige das Stadion; andere drehen
um zur Rostocker Innenstadt, wo sie Schäden in
Höhe mehrerer hunderttausend Mark hinterlassen.
Nach dem Spiel werden die Hools zum Bahnhof
getrieben. Dort steht der Zug nicht bereit. Vor der
Abfahrt durchsucht die Polizei den Zug. Während
der Rückfahrt verwüsten die Berliner die Waggons.
– Das Hinspiel am 20. April 1990 war vorverlegt
worden, damit die Rostocker nicht zu lange in der
Stadt sein müßten. Rostocker und Berliner Fans
waren von Polizeieinheiten getrennt worden. In der
DDR war es möglich, Spielbeginn und Ankunft des
Fan-Zugs aufeinander abzustimmen. Beim Rückspiel, nun im neuen Deutschland, ist dies nicht
möglich. – 20. März 1991. Keine Chance, den Text
in Ruhe fertigzustellen. Eben ist das Europapokal-
spiel zwischen Dynamo Dresden und Roter Stern
Belgrad nach 78 Minuten abgebrochen worden. –

Aus einer Gruppe mehrerer hundert Hooligans werden Raketen geschossen und Steine aufs Spielfeld geworfen. Der Versuch, nach einer Pause das Spiel wieder anzupfeifen, wird mit Steinwürfen verhindert. Der Pfiff zum Spielabbruch wird mit Beifall beantwortet. – Fernsehreporter, naturgemäß die ersten, die diesen Vorfall kommentieren, fragen, wie von über tausend Polizisten sichtbar nur zweihundert übrigbleiben, die sich die Arbeit teilen, den angreifenden Hools-Block zu eskortieren bzw. sich im Innenraum als Zielscheiben aufzustellen. Als die Hools zu tanzen beginnen, stehen alle Polizisten still. Der Wasserwerfer, der nach dem Spielabbruch in den Innenraum fährt und den Block besprüht, animiert einige Hools zurückzugehen und zu zeigen, wie schwer es ist, mit dem Wasserwerferstrahl einen einzelnen, sich bewegenden Menschen zu treffen. Plötzlich ist der Job des Reporters der, zur besten Sendezeit deutsche Wirklichkeit zu verkaufen, die zur besten Sendezeit nicht vorzukommen hat. Der Reporter sagt, man habe das *Wunder von Dresden* erhofft und den *Skandal von Dresden* bekommen. – Außerhalb schwer infantiler Quizsendungen gehört Nachdenken nicht in die beste Sendezeit. Der Reporter des Abends: »Mit solchen Menschen, die sich nicht menschlich aufführen, sondern tierisch, muß man rigoros umgehen, die müssen ins Gefängnis, was anderes gibt es aus meiner Sicht nicht ... Es wird eine heiße Nacht in Dresden, und ich kann nur hoffen, daß ich ungeschoren davonkomme.« Eine halbe Stunde später faßt der Studiomoderator das Geschehen in zwei fernsehabendverträglichen Sätzen zusammen: »Ein Fußballabend, der so schön begann, hat einen Knacks bekommen ... Randalierende Chaoten haben dafür gesorgt.« – Nachdem im Leipziger November 1990 Mike Polley von Polizisten erschossen worden war, spielte Dynamo Dresden in Malmö, und ein Kommentator des DFF sagte: »Auch eine Streitmacht Dresdener Dynamo-Fans ist nach Malmö gereist.« Erschien mir wenige Tage nach den Todesschüssen von Leipzig dieses militärische Bild für Fußballfans unpassend zu sein, so ist es nach diesem Spielabbruch kein Fauxpas, sondern eine Prognose gewesen. Aus der bildlichen Streitmacht ist eine wirkliche geworden. Wer vorher im übertragenen Sinn von einer Streitmacht gesprochen hat, ist nun »betroffen« angesichts der wirklichen. – Gerade hatte man sich im Westen daran gewöhnt, für einen Verein wie Dresden die Daumen zu drücken, weil er jetzt zum Identifikationsgebiet zählt. Diese Wende haben die Hools von Dresden, Dortmund, Hamburg und Berlin, die sich in Dresden getroffen haben, nicht mitgemacht. – Der Reporter beklagt den »unrühmlichen Abgang« des Vereins aus dem Europapokal, und das nach 98 Spielen. Keiner, der an diesem Abend redet, kommt auf den Gedanken, daß es den Hools recht ist, wenn der Verein, der für den DDR-Fußball wie nur noch ein anderer stand, auf diese Weise seinen Abschied von der internationalen Bühne nicht genommen, sondern bekommen hat. – Zwei Tage später Presseschau. »Sanktionen«, »knallharte Strafen«, »konsequente Aburteilung« werden gefordert. Die Jugendlichen seien »Rowdies«, »Kriminelle«, »Chaoten« und »Randalisten«. Eine Bereitschaft zur Auseinandersetzung mit den DDR-Rebellen ist nicht zu erkennen. Statt dessen wird mit einer Verschwörungstheorie gehandelt, die im Erklärungsspektrum für pure Ahnungslosigkeit oder schon Bösartigkeit steht. »Seilschaften zwischen« Ex-Stasi-Leuten und Hooligans« sind diesen Stimmen zufolge die »Drahtzieher«.[1]

»Jackeabziehen«, »klatschen«, »plattmachen« – diese Vokabeln haben sie alle gelernt, um nicht alt auszusehen im TV. Wieder so eine Diskussion. Ich wünschte, einer nur würde altmodisch werden und eine Brücke zum Deutschen bauen, an die Väter und Großväter erinnern. Aber es ist, als existierten sie nicht. So werden sie unheimlich anwesend; und das Gespräch hebt ab. – Die Erinnerung daran, daß Deutsche auch nach 1990 mehr verbindet als trennt, wird nur noch erhalten mit der heutzutage fast frech klingenden Bemerkung, wir alle hätten den Krieg verloren. Es sind Ostdeutsche, die, zur Verblüffung Westdeutscher, daran erinnern. Was noch lange nicht heißt, daß darüber auch gesprochen wird. (Konsequenterweise ist einer der Leiter des Ostberliner *Runden Tisches* Talkshowmoderator geworden.)

Kürzlich gab es mehrere öffentliche Diskussionen, deren Gleichzeitigkeit wie eine Deutschstunde war: über die Promillegrenze im Straßenverkehr, über die Zukunft von Theater- und Opernhäusern sowie über protestierende Jugendliche. – Von der Kultur erfuhr ich beim Promillestreit. Zwei Bier zum Essen, so hörte ich öfter, sei Bestandteil unserer Kultur. Die das sagten, waren Politiker. Diskutierten dann Kulturverwalter und Künstler über Kulturpolitik, so redeten sie nur über Geld. (Diskutieren Börsenmakler, reden sie am liebsten von Ethik...) Die Interessen von Alkoholkonsumenten oder marktängstlichen Künstlern sind dauerhaft diskutierwürdig. Am Ende bekommen sie ihren Schnaps mit dem Hinweis auf unsere Kultur, und sie bekommen Staatsknete mit dem Hinweis auf unsere Kultur. Aber was wird *für* die protestierenden Jugendlichen getan, die einen Teil der gegenwärtigen und zukünftigen Kultur Deutschlands darstellen und gerade dabei sind, sie zu verändern? Würde doch mit solcher Vehemenz über Staatsknete für

Spielstätten und Probebühnen real existierender Ensembles, der Jugendbanden, gestritten, so daß sie nicht Straßen und öffentliche Verkehrsmittel zu ihren Spielstätten machen müßten.

In Wittenberge werden zwei namibische Jugendliche aus dem vierten Stock ihres Wohnheims gestürzt. In Zittau vierzig Kinder aus Tschernobyl überfallen. In Leisnig wird ein Flüchtlingswohnheim angegriffen. In Zeesen ein Kulturhaus der sowjetischen Streitkräfte. Mit Baseballschlägern wird in Kelbra gegen Urlauber vorgegangen. Bei Müllrose wird, wenns beliebt, die Autobahn blokkiert. In Dresden stirbt Ostersonntag 1991 der Mozambikaner Jorge João G., der aus einer fahrenden Straßenbahn der Linie 7 nach Dresden-Gorbitz gestoßen worden ist. – Wegen Ausländerfeindlichkeit wird in der Regel vom Staatsschutz nicht extra ermittelt, weil eine »latente Ausländerfeindlichkeit« fast immer vorhanden sei.[2] Der Bahnhof Lichtenberg ist von Lichtenberger Jugendlichen »rumänenfrei« geprügelt worden. Die Polizei ist verpflichtet, die Menschenrechte zu achten. Die Mißachtung der Menschenrechte haben rechtsextreme Gruppen übernommen. Tatsächlich arbeiten sie, zumindest in Berlin-Lichtenberg, mit der Polizei zusammen. In der Praxis ist die Verfolgung von Menschen anderer Rassen oder Nationalitäten straffrei, solange

niemand umkommt. – Wie in Kellinghusen und
überall gibt es ein Spielfeld nicht verfolgter Straftaten. Die Schläger wissen, daß ihre Taten inhaltlich
durchaus auch akzeptiert werden, und kosten die
Spannung, die aus kollektiver Betroffenheit nach
außen und heimlicher Freude nach innen entsteht,
aus. Was die in der DDR eingeübte Doppelmoral
von »Völkerfreundschaft« nach außen und Frem-
denhaß nach innen ersetzt.[3]

Im neuen Deutschland wird Teil zwei des Drehbuchs gespielt, das niemand kennen muß, um es zu
können. Schon lange sind es nicht mehr »Rechte«
und »Linke«, die sich die Köpfe einschlagen. Bevor
Dresdener Rechtsextremisten ein Bordell überfallen können, wird einer von ihnen, wahrscheinlich
von einem Zuhälter, erschossen. Der Name des er-
mordeten Deutschen geht durch alle Zeitungen.
Paar Tage später heißt es, die Täter seien in Bangkok
verhaftet worden. – Ungezählte Nichtdeutsche
oder Nichtostdeutsche werden in Ostdeutschland
beleidigt, gehetzt, verjagt, geschlagen, getreten, er-
stochen, aus fahrenden Bahnen gestoßen, in ihren
Wohnungen oder in ihren Autos überfallen, ermordet. Ihre Namen erfahren wir selten.[4]

Wer sich zum Rechtsextremismus öffentlich äußert,
spielt irgendeinen Part des Drehbuchs mit. Aus Teil

eins, am Beispiel Kellinghusens beschrieben, ist die Rollenverteilung in *Verharmloser* und *Übertreiber* bekannt. Konsequent übernehmen sächsische CDU-Politiker ihre *Verharmloser*-Rolle in Teil zwei. Bewährter Bestandteil dieser Rolle ist eine Schuldzuweisung an die Medien. Der Dresdener Bürgermeister Wagner macht »das sorgenvolle Händereiben der Medien«[5] für die Zunahme rechtsextremistischer Übergriffe mit verantwortlich. Ministerpräsident Biedenkopf übernimmt und erklärt: »In Sachsen gibt es alles andere als Rechtsextremismus.« Auch er ist der Ansicht, daß durch öffentliche Darstellung dessen, was in der Öffentlichkeit geschieht, »eine Art Sammelbecken erst erzeugt«[6] werde. Folglich will die CDU Sachsen eine Veranstaltung über Rechts- *und* Linksextremismus ausrichten. Es ist, als wollten sie sich mit dieser Augenwischerei vor der Wirklichkeit in Sicherheit bringen. Denn die Rolle der *Übertreiber* haben in Dresden nicht »Linke« übernommen. Zuhälter sind es gewesen, die den Dresdener Jungnazi erschossen haben. Die nicht gern so breit getretene Wirklichkeit ist, daß die Ausländerbeauftragten von Berlin und Brandenburg Nichtdeutschen schon länger empfehlen, nach 20 Uhr nicht auf die Straßen zu gehen und nach 18 Uhr nicht mehr S-Bahn zu fahren, besonders in Ost-Berlin.

Jedes Medium mit dem Anspruch, die Gesellschaft zu beobachten, berichtet über Rechtsextremismus. Alle versuchen bei A anzufangen, niemand vergißt nach »Ursachen« zu fragen, jeder findet einen anderen Ton, und fast alle Töne borgen vom Exotischen. So entsteht der Anschein, die Sache sei wie von außen eingefallen. In westdeutschen Medien wird dieser Exotismusanschein verdoppelt, weil das angeblich Neue als Teil der »neuen Länder« beschrieben wird. Obwohl nahezu jede Zeitung nahezu täglich Meldungen über den Normalrassismus bringt, klingen die längeren Berichte zum Thema, als seien wildgewordene Nazis auf den Egotrip gegangen.[7] – Die protestierenden Jugendlichen werden beschrieben, als wüßte der Leser noch nichts von ihnen; gleichzeitig wird alle Information zusammengeklaubt, die bereits veröffentlicht ist. Solche Spagattexte beginnen mit Sätzen wie »In Gorbitz wohnt die Trostlosigkeit«.[8] Dann »Peng«, dann »Warum«, schließlich: »Wir müssen das Gespräch suchen.« – Durch das weitverbreitete Abschreiben voneinander, was offenbar die Recherche ersetzt, fügt fast jeder Text dem Nebel noch etwas Nebel hinzu. Längst beantwortete Fragen, wie die nach der Zusammensetzung und Vergangenheit der Rechtsextremismus-Szene in der DDR, werden neu gestellt und aus Unwissenheit offengelassen. Multipliziert wird dann überweise allein die Ahnungslosigkeit der Autoren, die beigetragen hat, aus DDR-»Rechten« »unbekannte Wesen« zu machen, die nun zu erforschen seien. – Der Rechtsextremismus in der ehemaligen DDR und im Beitrittsgebiet aber ist erforscht. Die Ergebnisse, auch die jahrelang verschwiegenen, liegen vor. Die wenigsten kennen sie.

Extremismusforscher sind davon verwirrt, daß es ost- und westdeutschen Rechtsextremismus gibt. Die westdeutschen Erklärungsmuster scheinen nicht auf die ostdeutschen Verhältnisse zu passen. Als erster hat Wilhelm Heitmeyer eine Analyse des DDR-Rechtsextremismus versucht. Er nimmt die immer schon zu lupenreine These, Rechtsextremismus ziehe Modernisierungsverlierer an, halb zurück und spaltet den Begriff in sozio-kulturelle (West) und materielle (Ost) Modernisierungsverlierer (was die Kategorie der »Verlierer« beliebig macht). Gesucht wird nun nach der unbekannten Größe, die den ostdeutschen Rechtsextremismus unterscheidet. Sie wird nicht gefunden. Vielleicht gibt es sie nicht. DDR-Bürger hatten, der einzige Unterschied, geringere Chancen, das Verhaftetsein mit dem Deutschen zu reflektieren.[9] Es ist lehrreicher, dem Auslandswind ausgesetzt zu werden, als innerhalb eines Staatsgefängnisses Antifaschismus eingepaukt zu bekommen. – Der ostdeutsche Rechtsextremismus ist beschrieben. Ideologisches

Gerüst, Täter- und Opfergruppen sind, wie im Westen, bekannt. Unter dem Eindruck des angeblich von Rechtsextremen »besudelten« sowjetischen Ehrenmals in Berlin-Treptow veröffentlichte »Neues Deutschland« am 3. Januar 1990 eine Zusammenfassung der bis dahin verschwiegenen Erkenntnisse. Das Papier haben zwei Oberstleutnante der K (Kriminalpolizei) verfaßt. Einer heißt Bernd Wagner. Danach gab es in der DDR seit 1980 Straftaten von Rechtsextremisten. Die Beschreibung der angegriffenen Personen ist immer noch gültig: »Anhänger der Punk-Bewegung, Gruftis, homosexuelle Bürger, Ausländer mit dunkler Hautfarbe, Vietnamesen, Angehörige bewaffneter Organe und Bürger mit dem Abzeichen der SED«, wobei man die SED-Bürger heute durch »Linke« ersetzen müßte. 1987 stellten die Oberstleutnante der K fest, daß die bekannten 1100 rechtsextremen Straftäter sich organisierten.[10] – Wenn 1991 der Leiter der Extremismusabteilung im Gemeinsamen Landeskriminalamt der ostdeutschen Länder, er heißt Bernd Wagner, vom Rechtsextremismuspotential spricht, geht er noch von den – inzwischen 1500 – bekannten Straftätern aus. – Aus dem jahrelang als Staatsgeheimnis behandelten und im Januar 1990 veröffentlichten Bericht wird nicht mehr zitiert. Die gegenwärtige Variante der Hauptsache Deutsch, mit der Deutsche erst nach dem Anschluß der DDR an die

BRD zu tun haben und die jede Diskussion zu blockieren scheint, ist, daß die DDR-Vergangenheit nur noch abgeurteilt, selten aber nachträglich angeschaut wird. – Aus den heute noch gültigen Papieren wird wohl auch nicht mehr zitiert, weil sie im DDR-Jargon verfaßt sind. Die »bedingungslose Offenheit«, die der Bericht der Oberstleutnante forderte, sollte dem Ziel dienen, »den antifaschistischen Widerstand in der DDR zu organisieren«. Verpönt ist diese Sprache landauf landab. Was an Sachlichem in diesem Bericht steht, wird deswegen nicht unrichtig. – Das Doppelagieren der Vereiniger besteht darin, den Oberstleutnant der K zum führenden Mitarbeiter des neuen Landeskriminalamtes zu machen, die Inhalte, deren Kenner dieser Mann ist, jedoch neu zu verpacken. Von einer »nationalistischen und neofaschistischen Welle« sprach der Bernd Wagner von 1989, nicht der von 1991. »Die Überfälle rechtsradikal angehauchter Jugendlicher werden immer brutaler«, heißt es nun, wie nur noch hingehaucht. – Der Oberstleutnant der K sagte 1989: »Skinheads wurden neofaschistische Orientierungen eingepflanzt... was sich über Verbindungsaufnahme rechtsradikaler Organisationen aus der BRD (vollzog).« Derselbe Mitarbeiter des GLKA sagt 1991, er habe nach Einsicht in Stasi-Akten »mit Schrecken« festgestellt, daß westdeutsche Rechtsextremisten bereits vor der »Wende«

eine stabile Basis in Ostdeutschland gehabt hätten. Der erste Satz hat den Ruch, eigene Probleme als von außen importiert zu verharmlosen. Der zweite Satz von 1991 zeigt den unbescholtenen Bürger, der alles nachträglich erfährt. Ihn entlastet, was erst später bekannt wird. Das Paradox oder die in Kauf genommene Lüge liegt darin, daß Bernd Wagner nachträglich zu erfahren vorgibt, was er früher zu wissen vorgegeben hatte. – Weil die Erkenntnisse der K nicht mehr verbreitet werden, hat sich tatsächlich die Ansicht durchgesetzt, für die DDR-»Rechte« müßte es eine Erklärung geben, die wir noch nicht kennen.[11]

Es gibt keinen verborgenen Unterschied zwischen westdeutschem und ostdeutschem Rechtsextremismus. Das Zutageliegende scheint hier das Verborgene zu sein. – Ein autoritärer, auf Kontrolle eingerichteter Staat ist dem Vergessen überlassen. Was bleibt, sind Menschen, die auf nichts anderes eingerichtet sind. Einige führen jetzt die dieser staatlichen Intoleranz entsprechenden Befreiungsschläge aus. Kontrollierte Bürger, unkontrolliert und in Selbstkontrolle ungeübt, neigen zum Unkontrollierbaren (so im Straßenverkehr, wo die Opfer der Einheit sich im Westwagen hinrichten und an den Straßenrändern Gedenkskulpturen aus Plastik und Blech hinterlassen). Sie hatten gelernt, sich mit der

Kontrollgesellschaft zu arrangieren. »Der Zwang, etwas anderes zu sagen, als man denkt, und etwas anderes zu tun, als man für richtig hielt, entwickelte sich zur Selbstverständlichkeit.«[12] Vorstellungen Einzelner oder von Gruppen, die von der Kontrollgesellschaft abwichen, wurden als krank oder fremdgesteuert denunziert und nicht verhandelt, also auch nicht entschärft. Der abgenötigte Konformismus, die Selbstfeier des Staates, die Ausgrenzung Abweichender, das dazu abverlangte öffentliche Schweigen und der verordnete Antifaschismus bilden die kritische Masse, die Jugendlichen nicht nur nicht mehr als Wahrheit angedreht werden kann, sondern die als Lüge und als Betrug an der eigenen Lebensperspektive endgültig aufgeflogen ist. Die Antwort heißt: Rache.[13]

Im Westen ist »links« »links«. Im Osten ist »links« der Staat gewesen. Irgendwann hat Michael Kühnen nur noch gelacht, wenn er in der BRD festgenommen wurde. Meistens konnte er sich die baldige Freilassung ausrechnen. In der DDR wäre er zum Lachen vermutlich gar nicht erst gekommen. – Westdeutsche und ostdeutsche Rechtsextremisten unterscheiden sich in der Intensität der Feindbilder. War im Osten »links« die Kontrollgesellschaft, so ist im Westen »links« eine Gruppe, die man bekämpfen oder der man aus dem Weg gehen kann. Westdeutsche Rechtsextremisten hatten daher eine größere Aktionsfreiheit und ein unschärferes Feindbild. Ostdeutsche Rechtsextremisten hatten weniger Aktionsmöglichkeiten, höheres Risiko und ein – bis heute – alltäglich scharfes Feindbild (angefangen bei der eigenen Familie). Das macht sie agiler, unberechenbarer, unkontrollierbar. Sagen westdeutsche Skinheads, die nicht mehr ins Beitrittsgebiet reisen, weil die Skins dort ihnen zu hart drauf sind.

Wann reagiert die Gesellschaft? Ermordete Afrikaner scheinen nicht Anlaß genug zu sein. Der Volkssport *Betroffenheit* setzt hier aus. Empört scheint über Gewalt erst diskutiert werden zu können, wenn das moralische Herz der »Rechtschaffenen« als Ziel der Attacke verkauft werden kann. – Im Frühjahr 1989 empörte die New Yorker Presse sich über eine Vergewaltigung im Central Park. Sechs Jugendliche hatten die Frau beinahe getötet. Am nächsten Tag und einen Tag vorher geschah ähnliches. Allgemein empörungsfreundlich und nebenbei politisch instrumentierbar wurde dieser Fall, weil sechs farbige Jungs sich eine weiße aufsteigende Jungmanagerin aus der seit dem 87er-Crash kriselnden Finanzwirtschaft als Opfer vorgenommen hatten. – Erst wenn also hier nicht mehr nur auf definierte politische Gegner oder Normalfeinde wie Ausländer, sondern auf Deutsche mit einem

verkaufbaren Sympathieeffekt eingeschlagen würde, könnte es zu einer öffentlichen Empörung kommen. Hierzulande gehetzte und ermordete Nichtdeutsche genügen nicht. Es müssen Deutsche sterben, damit Deutsche sagen, so wie Jorge João G.
sollte man nicht sterben.

Und dann wurde doch noch über die Hauptsache,
übers Deutsche, debattiert, wenn auch über den
Umweg Kuwait/Irak/UN/USA/Israel. – Es waren
nicht die lichtesten Momente von Protestkultur, als
der Golfkrieg zum Schulstreik führte, Kindern die
naturgemäße Angst vor Krieg verstärkt wurde, sie
auf den Fahrbahnen »wie demonstrierten« und ihre
Erzieher auf den Gehwegen nebenherliefen. – Ich
suchte den Kontrast und setzte mich ins Burger
King gegenüber der Gedächtniskirche. Weil es gäh-
nend leer war, bekam ich einen Platz am Fenster
und schaute die Mahnwachen der Schüler gegen den
Krieg an. Eigentlich war alles wie immer, nur seitenverkehrt. Ungebrochen hieß der Mittelpunkt –
ob Eß- oder Protestkultur – USA. Wenige Wochen
später würde der Kirchenplatz frei und der Burger
King wieder voll sein.[14] – Die einen sagten Ja zum
Krieg, die anderen Nein. Beide generalisierten die
Meinung der anderen. Die eine Seite warf der ande-

ren vor, wenn sie in dieser völkerrechtlich eindeuti-
gen Lage Nein zum Krieg sage, sei sie unfähig, sich
und ihre Werte überhaupt zu verteidigen. Die andere erwiderte der einen, wenn sie zu diesem Krieg
Ja sage, wolle sie Konfliktlösungen kriegerisch erreichen. Die unsinnige Parole »Kampf dem Krieg«
wurde beantwortet mit einem »Kampf dem Kampf
dem Krieg«, jedoch nicht mit diesen Worten. Beide
Seiten meinten ja ihren Friedenswillen. Aber damit
ließ sich nichts unterscheiden; für Frieden waren
alle, wie sich bei Umfragen schnell herausstellte. –
Auf einer anderen Ebene, nämlich hauptsächlich
deutsch, wurde die Golfkriegdebatte nach diesem
vielzitierten Satz von Henryk M. Broder fortge-
führt: »Die einen unterstützen Saddam moralisch,
die anderen finanziell und mit technischen Mit-
teln.« Gemeint waren die Deutschen. Die Friedens-
bewegung *und* die betreffende Industrie. – Die logische Ebene des allgemeinen *Krieg Ja* oder *Krieg
Nein* mußte in Zusammenhang gebracht werden
mit der moralischen deutschen Verantwortung gegenüber Israel. Kriegsbejaher bagatellisierten die
Irakhilfe deutscher Industrie mit dem Begriff der
»schwarzen Schafe« (die es überall gebe), Kriegs-
verneiner bagatellisierten die daraus entstandene
Bedrohung Israels mit Bemerkungen wie, dies sei
die Logik israelischer Politik, wie es Ströbele tat,
der zurücktrat. *Beide* Seiten bagatellisierten den

deutschen Anteil an der Bedrohung Israels, damit
sie ihre Feindbilder nicht revidieren mußten. Die
sogenannte moralische Diskussion war eine, die das
Moralische instrumentalisierte, um einer »politischen Haltung« Schubkraft zu verleihen. – Das Fa-
tale ist, daß beide Lager die von Deutschland West
und Deutschland Ost geradezu doppelt ausgegan-
gene Bedrohung Israels nicht in ganzer Breite wahr-
nehmen und weitergeben wollten. Beide Seiten sind
in ihrem selbstbestätigenden Lagerdenken einander
würdig. – Das Ja zum Krieg bedeutete immer auch
ein Ja zur Verteidigung Israels. Von den Kriegsver-
neinern war in der letzten Kampfwoche zu verneh-
men, daß die von Deutschland mitermöglichten
Angriffe auf Israel eine logische Ebene *höher* einzu-
ordnen wären als der Golfkrieg. Die eigene moralische Integrität war für einige nur noch mit diesem
logischen Sprung (der selbst gegen die Logik an-
springt) zu erhalten. Waren die überzogenen Parolen gegen die USA schon nicht redlich, so waren
manche Bekenntnisse zu Israel es noch weniger.
Zeigte sich erst ein Übermut, so nun eine Unter-
würfigkeit. – Es hilft Deutschen gar nichts, wenn
sich andere um ihre Vergangenheitsbewältigungs-
leistung kümmern und sie zensieren. Es destabili-
sieren von außen übergestülpte Forderungen eher
den internen Prozeß der Verarbeitung. Mit der
»Auschwitz-Keule« wurde gefuchtelt, so daß mir

angst und bange wurde um die Rekrutierungswirkung für Rechtsextreme.[15] – Wenn deutsche Verantwortung für Israel und für Juden Fundament und Dauer haben soll, dann muß sie in Deutschland von den beteiligten Generationen entwickelt und weitergegeben werden. Niemand sonst kann diese Arbeit übernehmen. Dies ist der Täter, Kinder und Enkel Re-entry-Programm in die demokratische Zivilisation. – »Hauptsache Deutsch«: Die Unterstützung Iraks während der Achtziger haben viele Staaten geleistet, die USA und Großbritannien vorneweg. Dort wird höchstens hinzugefügt, daß es ein politischer Fehler gewesen ist, allerdings ein schwer vorhersehbarer. Erledigt. Eine klare, nachvollziehbare Antwort. Die deutsche Version dieses politischen Fehlers ist ein monströser Selbstvorwurf, nämlich der, man sei wieder daran beteiligt, daß jüdische Menschen vernichtet werden könnten. Vertreter der politisch-pragmatischen Ebene und der moralischen Ebene bauen sich voreinander auf und machen sich Vorwürfe. Beide haben recht; jeder seines. Aber so können und wollen sie sich nicht verständigen, da sie sich auf verschiedenen Ebenen befinden. (Der Satz von Broder löste eine Diskussion auch deswegen aus, weil er zwei Ebenen verknüpfte.) Das Gespräch wird zum Paradox: A sagt, viele Staaten haben den Irak unterstützt. B sagt, die Deutschen haben eine besondere Verantwortung.

Die pragmatische Ebene wird mit der moralischen beantwortet, und beide sind sachlich nur schwer zu verbinden. Je nachdem, wo Prämissen gesetzt sind, kann eine Ebene immer als »wichtiger« angesehen werden, und jede Seite bleibt weiterhin für sich im Recht. Zwischen beiden Ebenen kann es kein gleichwertiges Gespräch geben, wenn nicht vermittelt wird. Eine Vermittlung findet aber nicht statt, weil B jetzt A vorwerfen wird, es ignoriere die spezielle deutsche Schuld, und A B vorwerfen wird, Äpfel mit Birnen zu vergleichen. Jede Seite wird sich somit von der Unbelehrbarkeit der anderen überzeugen und aus dieser Überzeugung wiederum ein Recht beziehen. »Hauptsache Deutsch« eben und sonst gar nichts – denn daß der moralische rollback den Pragmatismus übertönt, hängt mit der unmoralischen deutschen Vergangenheit zusammen.

Einschnappende Reflexe entstehen in zu starken Bindungen. Nach wie vor haben Deutsche eine so übermächtige Bindung an ihre Vergangenheit, daß Diskussionen zur Gegenwart deutscher Vergangenheit regelmäßig aus den von Veranstaltern sorgsam geplanten Bahnen laufen. Neben der Sache, um die es geht, wird gleichzeitig die Beziehung der beiden Seiten mitverhandelt, und mehr und mehr wird der Beziehungsaspekt auch explizit als die Sache verhandelt (was dann mindestens »unsachlich« ist). Im aussichtslosen Ehestreit wird, anstatt die Sache zu klären, die eigene Person ins Recht gesetzt; im Spiel der politischen Extreme wird nicht diskutiert, sondern denunziert. – Die unerfreuliche Botschaft der Golfkriegdebatte ist die Botschaft, daß Deutsche immer noch nicht frei sind, übers Deutsche zu sprechen. Sofort verhärten sich bei diesem Thema die Positionen – wird mehr lamentiert als argumentiert, werden rote Tücher entfaltet, die Mauern in den Köpfen nachzementiert, und Vorurteilserwartungen wollen befriedigt werden von Vorurteilserwartungen, was sofort geschieht – so als sei eine jede immer schon benachteiligt, nicht zum Zuge gekommen oder falsch verstanden worden. Als sei die Erkenntnis aus allen Gesprächen, daß man zurück zur Parole und mit dem Kopf durch die Wand müsse.

Die Unfähigkeit zu trauern und die Unfähigkeit nicht zu trauern entsprechen einander.

Was spricht, wenn ich schreibe? Wie komme ich dazu, diese als befangen, jene als verstrickt zu bezeichnen, und wo will ich hin? Wer ist in der Lage, jemanden Übertreiber oder Verharmloser zu nennen? Ist ein Buch übers Deutsche, von einem Deutschen geschrieben, nicht immer Übertreibung oder

Verharmlosung? Habe nicht auch ich zu profitieren versucht, indem ich die Fragwürdigkeit anderer ausgearbeitet habe? Hat es mir geholfen? Und auf wessen Kosten? Wo habe ich mich bereichert an der angeblichen Armseligkeit anderer? Kann man übers Deutsche schreiben, ohne auszubeuten, ohne moralisch profitieren zu wollen? Nahezu unmöglich. – Niemand will aus Kommunikation als Geschlagener herausgehen. Jeder will, daß die eigenen Argumente angehört werden. Will spüren, daß die Übereinstimmung zwischen dem Körper und den Wörtern so ist, daß man angehört und angeschaut und also in diesem Ausmaß ernst genommen wird. Nicht wenige möchten eine Zuneigung der anderen zu ihren Argumenten erreichen. Wollen, daß andere ihnen zustimmen. Je nachdem, wie weit man es auf diesem Gebiet treiben will, braucht man ein Instrumentarium, mit dem man »erfolgreich« aus Kommunikation »hervorgeht«. Die Erfolgreichen antworten einer Harfe nicht mit der Pauke, doch mit einem satten Celloton. Die ideologischen Überzeuger instrumentieren nicht in Differenzierungen, sondern in Kontrasten. Ein ideologischer Satz provoziert in einschnappender Weise das ideologisch gegenseitige Paßstück. Auf die Dauer sind die Kontraste zwischen diesen Stücken blaß geworden, und übriggeblieben ist ein Reden, das aus vorgeschobener Verantwortung profitiert. Hier ist das Gebiet

des politischen Kitsches. Das Paßstück zu Deutsch-
stolz war und wird bleiben: *Auschwitz*. Wer ein Gefühl für *Auschwitz* und andere hat, kann mit diesem
Namen auf den Lippen ernsthaft nicht reden. Es ist
anmaßend. Wer mit *Auschwitz* sein Meinungsge-
fängnis maximieren will, dem müßte schlecht werden dabei. – Aber behauptete ich, jedes Sprechen
übers Deutsche sei unmöglich, so hätte ich den Frei-
fahrtschein und würde dauerhaft profitieren, indem
ich die Sätze anderer zum Thema, die ich täglich
höre und die mich ärgern, ihrer Absurdität über-
führte. – So oder so stehst du bei dem Thema im
Verdacht, dich freizusprechen. Es verführt, sich
besser zu machen als die, über die man spricht. Das
Thema erreichen heißt, gegen diese Verführung an-
zugehen. Heutiges vorgeschobenes Wissen ist da-
maligem weggeschobenem Wissen ebenbürtig. – Es
muß erinnert werden. Was ist fragwürdiger als die
Rolle dessen, der erinnert? Was hat er vor? Wer
steht nach dem Erinnern auf welcher Seite? Wie hat
durch das Erinnern die Position des Erinnernden
sich verschoben? Hat er sich am Ende vielleicht nur
für eine bessere Selbstplazierung erinnert? Was soll
diese Unterscheidung? Wem nützt sie? – Und was
will der, der eine Frageinstanz auf die andere türmt,
von Ebene zu Ebene springt und sich und alles, was
er sagte wie einer, der es meinte, nun wegrelativiert?
– Und was mag der im Schilde führen, der am Ende

des Buches solch eine angedeutete Selbstauslö-
schung vornimmt?

Ich träumte von einem, der nach dem Verfassen eines Manuskripts zum Thema Deutsch die Papiere
vernichtet, um einem Buch zuvorzukommen. Da
man übers Deutsche nicht sprechen kann, ohne sich
am moralisch-profitablen Reden zu beteiligen,
würde er es mit dem Buch nur verlängern. Das Zu-
endedenken des Buches ist das Löschen des Buches.
– Und ich träumte von einem, der nach diesem
Traum das Manuskript photokopiert und weggibt.
Da übers Deutsche schwer zu reden ist und nahezu
jede Haltung den Verdacht erregt, vom moralischen
Reden profitieren zu wollen, *obwohl* übers Deutsche schwer reden ist, will er sprechend das Nicht-
sprechen von diesem Fleck zum nächsten treiben.

1 Der veranstaltende DFB und die Sportreporter behaupten, militante Fußballfans seien »schuld« an Randale und Spielabbruch. So der dauerhafte Tenor aller Betroffenheiten nach Ausschreitungen. Allerdings gelingt es selten einer Gruppe allein, ein Ereignis so weit zu treiben. Sie braucht einen Spielpartner. DFB-Sprecher Niersbach sagt zwei Tage nach Dresden, der Wasserwerfer habe nicht rechtzeitig vorfahren können, weil das Marathontor zu klein gewesen sei. Um Verständnis für den logistischen Blackout des DFB zu gewinnen, sagt er: »In den alten Ländern klappt das seit dreißig Jahren.« Prompt ist das Land wieder geteilt in die guten alten und die bösen neuen Länder.

2 »Tageszeitung«, 15. 2. 90.

3 Was in Westdeutschland als neu beschrieben wird, erzählt man sich in der DDR in der Vergangenheitsform: »So richtete sich der Unmut der DDR-Deutschen, die einem Fahrrad oder einer Nähmaschine nachjagten, nicht gegen die unfähigen Produzenten und Verteiler, sondern gegen die fremdländischen Käufer. Die DDR-Führung unternahm dagegen nichts. Im Gegenteil – sie kanalisierte durch diskriminierende Maßnahmen gegen Ausländer (Ausweiskontrollen in Kaufhallen, Kontingentierung von Waren usw.) den ›Volkszorn‹, statt diesen durch Aufklärung und Verbesserung der Lebensumstände abzubauen. Die entstehende Reibung, wenn unterschiedliche Kulturkreise aufeinanderprallen, wurde noch durch das Unwissen über gesellschaftliche Zusammenhänge auf beiden Seiten verstärkt. Das Defizit auf deut-

scher Seite war jedoch nachweisbar von der DDR-Obrig-
keit hervorgerufen worden. Verstärkt wurde diese Unwissenheit durch nationale Arroganz aufgrund vorhandener
faschistischer Charakterisierungen verschiedener Völker
bei den DDR-Deutschen: Die ›Polacken‹ schachern, die
›Nigger‹ haben keine Kultur, die ›Fidschis‹ sind zu faul
zum Arbeiten, die Kubaner kommen nur zum Ficken
her…« Zitiert aus: Frank Schumann, »Glatzen am Alex«,
Edition Fischerinsel, Berlin 1990, S. 30.

4 Es sind kleine Ortschaften, in denen ostdeutsche Schläger sich sammeln. Vor Jahren lernte ich die Namen der
kleinen westdeutschen Orte, in denen Alt- und Jungna-
zis aktiv sind. Nun lerne ich: Kelbra bei Sondershausen;
Zeesen; Leisnig bei Döbeln; Sielow bei Cottbus; Zim-
mern bei Bad Langensalza; Freienhufen; Neukirchen
bei Eisenach; Walsleben; Ahlbeck; Röglitz; Connewitz;
Hoyerswerda.

5 »Tageszeitung«, 13. 6. 91.

6 »Tagesspiegel«, 18. 6. 91.

7 »Unter verwinkeltem Holzgebälk, umgeben von rost-
braunen Backsteinwänden, sitzen acht Kameraden an
einem braunen Holztisch. Das Licht, das durch die
Dachluken fällt, verwandelt den Ort in eine Art Front-
kapelle. Durch die schmalen Seitenfenster, sie gleichen
Schießscharten, kann man den Luftraum über dem Be-
zirk und die anliegenden Häuser überwachen. Dort hat
sich auch eine Gruppe martialisch aussehender Jugend-

licher aufgebaut, einen deutschen Schäferhund an der Seite. Erichs rechte Enkel zeigen Flagge. Trotzig flattern die Symbole gegen den Feind. Sie beten zum Führer und flehen um Befehle. Sie wollen dienen, und sie möchten schlagen, um sich auf den Kampf um Großdeutschland vorzubereiten. Alle sind Herolde eines Willens. Entflammt und hingerissen. Sie wohnen im braunen Kloster, in der Hafenstraße der Rechten. Die Jünger haben sich zur Andacht versammelt. Die Novizen treten an. Sie wollen ›Neger kochen‹, ›Linke klopfen‹ und ›Lesben hacken‹. Aber nicht jeder darf gleich ins braune Kloster. Alles Kameraden. Arbeitslose Kameraden. Rudeljugend. Der Boden zeigt Wischspuren. In den Ecken warten sauber geparkte Dreckhäufchen auf Verschickung. Alles glänzt. Vorrangig bearbeiten sie die Region entlang der Grenze zu Polen, von wo aus sie zum Sprung nach Osten ansetzen wollen. Sie kalkulieren unsere Angriffe in ihr Public-Relations-Konzept ein.« (Zitiert aus »Spiegel«, »Stern«, »Tempo«, »Prinz«, »Berliner Zeitung« und »Tageszeitung«)

»Kaum einer der ›Enthüllungsjournalisten‹ verliert allerdings ein Wort darüber, wie leicht der Zugang zu den Jugendlichen in Wahrheit ist. Über Monate haben die Besetzer die schreibende Zunft Freitag für Freitag um fünfzehn Uhr zum tête-à-tête gebeten. Je nach Höhe des Schecks geben sie ›Exclusivinterviews‹ und posieren für Gruppenphotos, die sie entweder als faschistische Kämpfer, als psychisch gestörte Bettnässer oder einfach als durchgeknallte Jungmänner darstellen.« – So Klaus Farin und Eberhard Seidel-Pielen in ihrem Buch »Krieg in den Städten«, Berlin 1991, S. 147.

8 »Die Zeit«, 13. 6. 91.

9 »Diejenigen, die 1945 in der damaligen sowjetischen Be-
satzungszone begannen, eine neue, humanistische Gesellschaft zu gründen, waren überzeugte Antifaschisten.
Mit Konzentrationslager, faschistischem Zuchthaus
oder der Exilierung hatten sie ihre Überzeugung während des sogenannten Dritten Reiches bezahlen müssen.
Obwohl selbst eindeutig in der Minderheit, machten sie
ihre antifaschistische Position – qua Partei- bzw. Staats-
politik – zum Maß und zum offiziellen Bezugssystem
für die Bevölkerungsmehrheit. Kraft der offiziellen antifaschistischen Politik wurde dieser Mehrheit – den
schweigenden, mitmachenden Mitläufern des NS-Staa-
tes – die ›Gnade der Reue‹ (Konrad Weiß) verweigert.
Nicht die ›Unfähigkeit zu trauern‹, sondern das offizielle Verbot der Trauerarbeit bildete in der DDR die
Wurzel für einen latenten Faschismus.« Zitiert nach
Wolfgang Frindte, »Sozialpsychologische Anmerkun-
gen zur Entwicklung rechtsradikaler Tendenzen in der
DDR«, in: Butterwegge/Isola, »Rechtsextremismus im
vereinten Deutschland«, Berlin 1990.

10 Ende 1989 die antisowjetischen Parolen am Treptower
Ehrenmal waren, wie Ostberliner Skinheads versichern,
»getürkt«; man würde »Russen raus!« und nicht, wie
geschehen, »Nieder mit der UdSSR« sprayen. DDR-
Zeitungen registrierten täglich bis wöchentlich
»Schmierereien« und »Sudeleien«, die der »neofaschistischen Szene« zugeordnet wurden. Nachdem die Mauer
offen war, wurde für eine »antifaschistische Einheits-

front« demonstriert. Der ehemalige Ostberliner Poli-
zeipräsident Baumann forderte eine »Bürgerfront gegen
die Entartung menschlichen Zusammenlebens«. Häpp-
chenweise wurden die Bürger an das wirkliche Ausmaß
herangeführt. Erst ist von »Anhaltspunkten« und »Tendenzen einer möglichen Ausweitung« die Rede gewesen, und daß es noch kein »Ereignis- und Randale-Po-
tential« gebe. 50000 rechtsextreme Sympathisanten in
der Ex-DDR, eine öfter genannte Zahl, dürfte nur ein
Annäherungswert sein. – Auf der Kundgebung am sowjetischen Ehrenmal wird »unduldsamer Widerstand
gegen rechts« gefordert. Im DDR-Handbuch der Ge-
genwartssprache heißt es zu »unduldsam«: »Eine andere Denk- oder Handlungsweise nicht gelten lassend,
intolerant.«

11 Aus einem Gespräch mit einem Ostberliner Skinhead,
aufgezeichnet im August 1988: »Ich würde sagen, das
macht hier mehr Spaß wie drüben. Denn wenn man das
so sehen tut – die Bullen sind so was von blöde, ja. Also,
wenn du das manchmal sehen tust, wenn, ist ja nicht
ville wert, so 'n Bulle. Na, was ist 'n, wenn du beim
Bullen den Deckel abmachst, oder den Hut oder die
Schädeldecke? Was siehst 'n da? Na, die Füße! Nee, aber
Bullen, die können nicht rennen. Und wenn du sehen
tust, manchmal total fettgefressen, und was die an Aus-
dauer haben... Und wenn wirklich 'n Bulle vor dir stehen tut – dem kannste beliebig eine vor die Mütze
hauen, der kann überhaupt nichts, kann der... Wenn
ein Bullenwagen kommt, der wird weggeräumt. Also
wir rennen nicht weg, sondern schlagen die einfach auf.

Kommt drauf an. Wenn's viele Bullen sind, also wenn wir, sagen wir 20 Mann, und es kommen drei Bullenwagen an, dann rennen wir. Aber wenn es nur ein Bullenwagen ist, dann wird der auseinandergenommen. In Marzahn, Springpfuhl waren wir oben auf der Brücke gewesen, da hat auch einer angehalten. Die Bullen wurden zusammengeschlagen und das Auto runtergeschmissen auf die Schienen. Da stand nichts in der Zeitung, überhaupt nichts.« Zitiert nach Frank Schumann, a.a.O., S. 131f.

12 Wolfgang Frindte, a.a.O.

13 Im November 1989, während eines Gesprächs des damaligen Volkskammerpräsidenten Sindermann und der FDJ-Volkskammerfraktion, »verlachte Sindermann die beiden DDR-eigenen Fahrzeugtypen, und ... der Fraktionschef des FDJ erlaubte sich darauf hinzuweisen, daß die Mehrheit der Menschen in diesem Lande – im Unterschied zu den privilegierten Politbüromitgliedern – gezwungen seien, Trabant oder Wartburg zu fahren, auf die sie fünfzehn und mehr Jahre warten müßten. Wer sich also über diese Autos lustig mache, verhöhne zugleich deren Besitzer. Und die Antwort von Sindermann? So könne man mit einem alten Antifaschisten nicht reden!« (Zitiert aus Frank Schumann, »Glatzen am Alex«, Berlin 1990, S. 24.) – Wie absurd Sindermanns Break ist, verrät ein anderer, wertgleicher Satz, der die Paradoxie offenlegt: »So können Sie mit einem Demokraten nicht reden!« – In Sindermanns Satz blitzt das Verhängnis der DDR auf, eines Staates, der sich als anti-

faschistischer hochgestapelt hat und dessen Nachbetparole lautete, der Faschismus sei »mit Stumpf und Stiel ausgerottet« – eines Staates, dem der antifaschistische Anschein über die demokratische Erneuerung ging und der dafür Mittel einsetzte, die sich nur noch mit dem System vergleichen lassen, das ebenfalls ohne Scham den Begriff »Ausrottung« verwendet hat. Nimmt man Sindermanns Satz ernst, bedeutet er: Meine antifaschistische Vergangenheit spricht mich lebenslang davon frei, meinen Standpunkt vor mir selbst oder anderen in Frage zu stellen. Als »alter Antifaschist« darf ich mich über Trabis lustig machen, ohne daß der Antifaschismusbonus aufgebraucht, die moralische Integrität in Frage gestellt würde. Denn die letzte Frage bekäme zur Antwort, daß man so mit einem alten Antifaschisten nicht reden könne. – Der Wert »alter Antifaschist« war ein höherer als der, kontrovers zu reden oder zu versuchen, »neuer Demokrat« zu werden. Mit dem Hinweis auf diese Wertordnung konnte ein Gespräch abgebrochen werden. Wenn einem das nur noch stinkt und man gar nicht mehr zu diskutieren versucht, weil an der Stelle, wo es anfängt spannend zu werden, einem gesagt wird, daß man so nicht reden könne, dann gibt es den fulminanten Ausweg: Man hört, wie erwünscht, zu diskutieren auf und zieht sich auf Parolen zurück, in diesem Fall »Russen raus«, »Ausländer raus«, oder man zeigt, ohne ein Wort, den »deutschen Gruß«. Das ist, nach dem Redeverbot, die Kriegserklärung.

14 »Die globale Stärke Amerikas beruht ... in hohem Maß auf der enormen Beherrschung des Kommunikations-

flusses. Wenn man den Fluß der weltweit zirkulierenden Worte und Bilder in Zahlen ausdrücken würde, dann stammen ungefähr 80 Prozent davon aus den Vereinigten Staaten. Kultur ist auch religiöse Ideologie, wie der Islam; aber ich habe eher den Einfluß der Massenkultur und die politische Kraft zur Imitation gemeint. In dieser Hinsicht ist es unwichtig, ob man die amerikanische Massenkultur mag oder ob man sie vulgär findet; entscheidend ist, daß sie ›imitiert wird‹ und damit die Rolle Amerikas maximiert.« – Diese Sätze sind von Zbigniew Brzezinski. In diesem Sinne handelten die Eltern der auf die Straßen geschickten Kinder im Interesse der USA, da sie die Rolle der USA maximierten (und die anderen am Krieg beteiligten Nationen oft gar nicht erwähnten). Zitiert nach: »Die große Welt-Unordnung«, »Tageszeitung«-Beilage März 1991.

15 Der israelische Schriftsteller Yoram Kaniuk erklärte vor einem murrenden Publikum in Berlin, jedes deutsche Kind sei für Israel direkt verantwortlich. Mit dem Murren hat das Publikum dem Autor jenes Bild bestätigt, das er von Deutschland hat und haben will. Ins gleiche Horn stieß ein Aufruf »Berliner Schriftsteller, Journalisten und Dichter« (mit fünf Unterschriften), der drei Tage vor Kriegsende die Frage stellte, »Wo sind die, denen ein Angriff auf den israelischen Staat in die Eingeweide fährt, als wäre er einer auf den deutschen Staat?« – Und Wallraff war da. Zum ersten Mal in Israel. »Warum?« – »Mir war danach.« Eine Situation aus dem Schutzraum, unter Gasmasken, erzählt er nach: »Man saß unter den Dingern, sah ältere Menschen, die nur mit

Glück dem KZ entkommen waren, vor sich hin weinen, erlebte die Panik der aus dem Schlaf gerissenen kleinen Kinder, die ihre Eltern mit den Rüsseln vor dem Gesicht unter ihren Plastikplanen nicht mehr erkannten.« (»Tageszeitung«, 27. 2. 91) – Die Kinder erkannten ihre Eltern nicht unter den Gasmasken, aber Wallraff sah »ältere Menschen, die nur mit Glück dem KZ entkommen waren, vor sich hin weinen«. Die Ideologie stimmt, die Situation ist unmöglich. Die in einen Nebensatz gepreßte angedeutete Geschichte der älteren Menschen, hier eingesetzt, zeigt, was sie dem Beobachter wert ist: Instrument im Glaubenskampf.

Der Autor bedankt sich bei Jana, Mechthild Dietrich, Matthias Köhne, Michael Rahn, Ulrich Knickrehm, Kristine von der Trenck, Sabine Schneider, Wolfgang Immenhausen, Togo, Dietger Pforte, Dr. Hinrichs, Jochen Köhler; bei Guntea, Matthias, »Joe« Johannes, Ong, Peter, Isolde, Margrit, Skinhusen-O., Dete, Esther und den Ungenannten. Bei Roland Hold für die Photos auf den Seiten 50 und 97. Bei Ulrich Knickrehm für die Photos auf den Seiten 104 und 106/107.

Deutschsprachige Literatur
in der edition suhrkamp:
Prosa

300/1/6.90

300/2/6.90

Deutschsprachige Literatur
in der edition suhrkamp:
Prosa

300/3/6.90